불멸의 샹송 가수
에디트 피아프

불멸의 샹송 가수 에디트 피아프

ⓒ 김주희, 2008

초판 1쇄 인쇄일 | 2008년 3월 10일
초판 1쇄 발행일 | 2008년 3월 14일

지은이 | 김주희
펴낸이 | 강병철
펴낸곳 | 이룸

출판등록 | 1997년 10월 30일 제10-1502호
주소 | 121-840 서울시 마포구 서교동 395-172 상록빌딩 2층
전화 | 편집부 (02)324-2347, 영업부 (02)2648-7224
팩스 | 편집부 (02)324-2348, 영업부 (02)2654-7696
e-mail | erum9@hanmail.net
Home page | http://www.erumbooks.com

ISBN 978-89-5707-405-3 (44990)
      978-89-5707-093-2 (set)

값 8,500원

불멸의 샹송 가수

에디트 피아프

김주희 지음

이룸

| 차 례 |

어둠을 보는 아이

천사의 목소리

여러분! 1915년 12월 19일 밤, 프랑스의 베르빌에서 신비한 일이 일어났어요. 세상에, 하얀 천사들이 나풀나풀 내려온 거예요. 천사들은 베르빌에 하얀 옷을 휙, 휙 내던졌어요. 거리에는 천사들의 옷이 차곡차곡 쌓여 갔답니다. 사람들은 흰 눈이 펑펑 쏟아져서 거리에 쌓여 가는 줄 알았을 거예요. 하지만 나는 알아요.

그날 밤, 눈꽃처럼 작은 천사들이 하늘에서 내려왔다는 것을.

천사들이 이렇게 내 귓속에 속삭여 주었거든요.

"태어난 걸 축하해. 노래를 불러 줄게."

하얀 천사들 눈꽃처럼 쏟아지는 밤

작은 베르빌에 천사들의 합창 울려 퍼지는 밤

거리에서 태어난 아기만 귀 기울여 듣고 있네

1915년 12월 19일, 베르빌의 계단에서 태어난 나 에디트 조반나 가시옹(Edith Giovanna Gassion)은 천사의 노래와 속삭임을 들었어요.

"우리는 곧 하늘로 돌아가야 해. 서운해하지 마. 선물을 줄 테니. 추운 거리에서 태어난 아가야, 천사의 목소리를 줄게. 자, 베르빌의 밤거리에 천사의 목소리를 들려주렴."

사람들은 내가 태어나자마자 우는 줄 알았겠죠?

병원으로 가는 도중 거리에서 나를 낳은 엄마도 그렇게 알았을 거예요. 하지만 그때 나 에디트 조반나 가시옹은 노래를 부르고 있었답니다!

여섯 살이 된 에디트는 생일날 천사들이 눈처럼 쏟아지는 장면을 상상했다. 에디트의 두 눈은 붕대로 감겨져 있었다. 화장을 한 아가씨들이 에디트 주위를 둘러싸고 있었다.

에디트는 곧 상상의 세계에서 빠져나왔다.

"나는 12월 19일, 베르빌의 계단에서 태어났어."

"불쌍한 에디트…… 아버지는 전쟁에 나가고, 어머니한테 버림받고, 앞도 못 보고, 게다가 거리에서 태어났다니!"

아가씨들이 에디트를 동정했다. 하지만 에디트는 붕대로 두 눈을 가리고 있었기 때문에 아가씨들이 방금 어떤 표정을 지었는지 알 수 없었다. 만일 부모의 품에서 자랐더라면 에디트는 실명의 위기에 처하지 않았을지도 모른다. 제때 치료를 받지 못한 데다 영양결핍까지 겹쳐서 눈병이 실명의 위기로까지 악화된 것이다.

에디트의 어머니, 린 마르사는 거리에서 노래를 부르는 가수였다. 아버지 루이 가시옹은 묘기를 부리는 곡예사였다. 린 마르사는 갓 태어난 에디트를 가난한 친정어머니에게 맡겨 버렸다. 그러다가 아버지 루이 가시옹이 에디트를 노르망디에 사는 어머니에게 다시 맡긴 것이다. 그곳은 아가씨들이 사는 여관이었다. 아가씨들은 저녁이 되면 손님 맞을 준비를 했다.

"언제까지 어린애랑 노닥거릴 거야! 장사 준비해야지."

아래층에서 에디트의 할머니가 소리쳤다. 순식간에 아가씨들이 후다닥 방을 나갔다.

쿵쾅, 쿵쾅.

에디트는 아가씨들이 계단 내려가는 소리를 들었다. 똑같은 계단인데 내려가는 사람이 누구냐에 따라 들리는 소리가 달랐다. 어린 에디트는 그 '소리의 다름'을 유심히 듣고 있었다. 그러다 보니 앞을 볼 수 없는 에디트는 자연스럽게 청각이 발달하게 되었다.

밤이 되면 에디트가 사는 집에는 아가씨들의 웃음이 가득했다. 적당히 술에 취한 상태에서 뱉어 내는 웃음이었다. 아가씨들은 손님들에게 웃음과 노래를 팔았다. 에디트는 어느 아가씨가 노래를 부르는지, 음이 어떻게 달라지는지 알 수 있었다.

"마리가 〈체리의 계절〉을 부르고 있네. 마리는 이 노래를 부를 때 항상 목소리를 떨어. 방금 안느가 거실에서 크게 웃었어. 안느가 좋아하는 남자가 손님으로 왔나 봐."

에디트는 혼잣말을 하다가 잠이 들었다.

무대에 서는 가수가 될 거야!

"안느, 지금 우는 거야?"

에디트의 청각은 예민했기 때문에 작은 흐느낌도 놓치지 않았다. 에디트는 울음소리만 듣고도 누구인지 구별할 수 있었다.

"아냐, 에디트가 보고 싶어서 잠깐 올라온 거야."

술집 아가씨들은 웃다가도 혼자 있을 때는 눈물을 흘렸다. 가난한 아가씨들에게는 근심 걱정이 끊이지 않았다. 에디트는 부모의 정 대신 술집 아가씨들의 웃음과 눈물을 받으며 자랐다.

"안느, 아까 마리의 노래를 들었어. 마리는 노래를 참 잘 불러.

나도 어른이 되면 마리처럼 노래를 부를 테야."

"오, 에디트. 안 돼!"

술주정뱅이의 노랫소리가 담을 타고 올라왔다. 노동자들이 술에
취해 거리에 쏟아 놓는 노랫소리. 밤이면 골목골목에서 여자들이
치장을 하고 나와 남자들을 유혹하는 동네. 에디트가 사는 동네에
는 하루 벌이 노동자들이 많았다. 한밤중이 되어야 겨우 노동에서
풀려나는 가난한 사람들. 노동자들은 노래와 술로 위안을 삼았다.
절망에 빠져 있을수록 더 크게 웃고 노래를 불렀다. 그러니 가난한
동네의 밤은 시끄러울 수밖에 없었다.

"정말 가수가 되고 싶니?"

에디트는 고개를 끄덕였다. 에디트가 노래를 부르고 싶어 하는
건 자연스러운 일이었다. 앞을 잘 보지 못한 뒤로 에디트의 감각은
소리에 민감하게 반응했다. 에디트에게 소리는 또 다른 눈이었다.
에디트는 소리로 사물과 사람을 구별했다.

에디트가 있는 집에서는 노랫소리가 끊이지 않았다. 에디트는
아가씨들이 부르는 노래를 귀담아 들었다. 그리고 손님이 가고 나
면 한밤중에 피아노를 치며 노래를 불렀다. 노래를 부를 때 에디트
는 세상에서 가장 행복한 놀이를 하는 기분이었다.

"에디트, 꼭 무대에서 노래를 불러야 해. 많은 관객들이 박수를
쳐 주는 곳. 절대로 이런 곳에서 노래를 부르면 안 되는 거야. 그나

저나 당장 눈부터 고쳐야 할 텐데……."

아가씨는 에디트를 품에 안았다. 그러자 에디트가 아가씨를 꼬옥 끌어안았다.

"안느, 오늘 밤 나하고 같이 자면 안 돼? 안느는 너무 따뜻해. 혼자 있으면 너무 추워."

"걱정 마, 에디트."

에디트는 사람들의 품에 안기는 것을 좋아했다. 노래 말고 에디트가 좋아하는 것이 바로 포옹이었다.

아가씨들은 에디트의 눈을 치료해 주기로 의견을 모았다. 그래서 돈을 모아서 리즈외이에 사는 안과 의사를 데려왔다. 의사는 에디트가 심한 각막염을 앓고 있다고 진단한 후 약을 처방해 주었다. 하지만 약을 먹어도 에디트의 눈은 금세 좋아지지 않았다. 아가씨들은 의사의 처방을 받으면 단번에 에디트가 앞을 볼 거라고 기대했다.

"흥! 돌팔이 의사 같으니라고. 그러지 말고 에디트를 성 테레즈 성당에 데리고 가자."

그 마을에는 유명한 성 테레즈 성당이 있었다. 가난한 사람들은 힘든 일이 있을 때마다 성녀 테레즈가 자신들의 편이 되어 줄 거라고 믿었다. 성 테레즈 성당에서 간절한 마음으로 기도를 하면 소원이 이루어진다는 설이 있었다. 아가씨들은 시간이 날 때마다 어린 에디트를 성 테레즈 성당에 데리고 갔다. 가난한 아가씨들이 에디트를 위해서 한마음으로 희망을 품었다.

"사랑하는 우리 에디트가 앞을 볼 수 있게 해 주세요."

"테레즈 수녀님, 에디트가 유명한 가수가 될 수 있게 해 주세요."

아가씨들은 성 테레즈가 에디트에게 기적을 베풀어 주기를 원했다.

그러던 어느 날, 에디트는 피아노 앞에 앉아 있다가 이렇게 중얼거렸다.

"저 붉은 장미꽃이 너무 예뻐."

옆에 있던 아가씨가 깜짝 놀랐다.

"에디트! 화병에 꽂힌 장미꽃이 보인단 말이야?"

에디트의 눈에 조금씩 사물의 색깔이 들어오기 시작했다. 눈을 깜빡일 때마다 아가씨들의 얼굴이 뚜렷하게 보였다. 에디트는 눈에 보이는 아가씨들의 이름을 차례차례 말했다. 아가씨들은 성 테레즈가 기적을 내려주었다고 확신했다. 에디트 역시 이 경이로운 경험을 평생 성 테레즈의 은총이라고 믿었다.

노래의 날개를 달고

거리의 소녀

파리 시내 베르빌 가 72번지 건물 표지판에는 "1915년 12월 19일 이 건물의 층계에서 헐벗고 굶주림에 떨며 에디트 피아프가 태어났다"라고 적혀 있다. 그런데 에디트의 이복 자매 드니즈 가시옹에 따르면 에디트는 트농 병원에서 태어났다고 한다. 하지만 에디트 피아프에게 '거리'는 유년의 고향이었다.

어느 날 에디트의 눈병이 나은 후 아버지 루이 가시옹이 찾아왔다. 아버지 루이 가시옹은 그 동네환경이 에디트의 교육에 나쁘다고 판단했다. 결국 에디트는 아가씨들과 헤어지게 되었다.

"에디트, 유명한 가수가 돼도 우리를 잊으면 안 돼."

"꼭 무대에서 노래를 불러야 한다."

슬프기는 에디트도 마찬가지였다. 하지만 에디트는 아버지의 손에 이끌려서 결국 정든 노르망디를 떠났다.

"에디트, 네가 내 딸이 확실하다면 분명 훌륭한 곡예사가 될 거다."

그 후 에디트는 아버지와 함께 서커스단 생활을 했다. 미래의 여자 곡예사에게 학교 교육은 필요 없었다. 루이 가시옹은 에디트를 훌륭한 여자 곡예사로 만들기 위해 연습을 시켰다. 에디트는 아버지가 시키는 대로 물구나무를 서서, 손바닥으로 걸어 보려고 노력했다. 하지만 에디트의 작은 몸은 아무리 연습을 해도 곡예 동작을 따라하지 못했다.

"넌 전혀 내 재능을 물려받지 않았어. 도대체 앞으로 뭘 먹고 살 작정이냐!"

루이 가시옹은 감정대로 행동하는 남자였다. 참을성 없는 성격 탓에 사람들과 불화가 잦았다. 어느 날 서커스단에서 루이 가시옹은 단원과 크게 싸움을 했다. 결국 자존심이 센 루이 가시옹이 서커스단을 나오고 말았다. 그 후 루이 가시옹은 에디트를 데리고 프랑스 전역을 돌아다녔다. 에디트는 유년 시절 어머니의 보살핌을 받을 수 없었다. 에디트가 거리를 돌아다니는 동안 어머니는 싸구려 술집을 전전하며 노래를 부르고 있었다.

"이제 너도 밥벌이를 해야지! 아직 곡예는 못하니까, 사람들에게 이 모자를 내밀어라."

에디트는 모자를 들고 다니며 구걸을 시작했다. 하지만 루이 가시옹은 절대 구걸이라고 생각하지 않았다. 그는 자신의 묘기가 충분히 돈을 받을 만한 가치가 있다고 믿었다.

루이 가시옹은 거리에서 두 손과 머리로 땅바닥을 걸어 다녔다. 동물 흉내를 낼 때도 있었다. 그러다가 에디트에게 윙크를 보냈다. 거리의 소녀, 에디트는 아버지가 보내는 윙크의 의미를 알고 있었다.

'자, 에디트. 이 아비가 사람들을 웃기거든 바보처럼 가만히 서 있지 말고, 모자를 들고 다니면서 돈을 걷어야 한다. 반드시 사람들이 웃을 때 모자를 내밀어라. 사람들은 자신들이 행복하다고 느낄 때가 돼야 비로소 다른 사람을 동정하게 되는 법이거든. 물론, 우리는 떳떳하게 돈을 버는 거야. 이 점을 잊으면 안 돼. 그리고 돈을 받으면 꾸벅 인사를 해야 한다.'

아버지 루이 가시옹이 몇 번이나 충고한 말이었다.

구경꾼 중에는 웃으며 지폐를 넣어 주는 부자도 있었다. 행여 어느 부자가 지폐라도 모자에 넣어 주면 에디트는 공손하게 머리를 숙였다.

어느 날 에디트가 모자를 들고 구경꾼 사이를 돌아다닐 때였다.

"저 아이는 할 줄 아는 게 없소?"

구경꾼 중에 누군가 소리쳤다.

"아, 예? 있습니다. 있고말고요…… 에디트, 이리 오너라."

루이 가시옹은 에디트에게 귓속말로 아무 묘기나 펼쳐 보이라고 했다. 그러나 에디트는 제대로 할 줄 아는 묘기가 없었다. 루이 가시옹은 정 할 게 없으면 그냥 노래라도 부르라고 말했다.

> 나아가자, 조국의 아들딸들아.
> 영광의 날이 왔도다!
> 폭군에 용감히 맞서서
> 피 묻은 전쟁의 깃발을 내려라!

에디트는 사람들 앞에서 프랑스의 국가 〈라 마르세예즈〉를 불렀다. 열 살이 되었지만 에디트의 체구는 작았다. 그런데 목소리는 거리 곳곳에 울려 퍼질 정도로 힘이 있었다. 〈라 마르세예즈〉는 프랑스를 대표하는 노래였다. 구경꾼들은 숙연해졌다. 순간 어린 에디트의 가슴에서 뜨거운 무언가가 꿈틀거렸다. 심장이 불새로 변해 파닥, 날갯짓을 시작한 것처럼. 에디트는 태양을 향해 훨훨 날아오르는 기분을 느꼈다. 바로 '노래'라는 날개로.

루이 가시옹은 속으로 깜짝 놀랐다. 에디트가 이 정도로 노래를 잘 부르는지 알지 못했던 것이다. 에디트는 어머니의 재능을 고스란히 물려받은 아이였다. 아니, 어머니보다 더 재능이 뛰어났다. 에디트의 목소리는 아이답지 않게 음색이 깊었고, 호소력도 있었다.

노래가 끝나자 구경꾼들이 박수를 쳤다. 하나 둘 사람들이 에디트에게 다가와 모자 속에 동전을 넣었다. 루이 가시옹은 에디트에게 밥벌이 재능이 있다고 좋아했다. 거리의 아이에게 재능은 밥벌이 수단에 불과했다.

그 후 에디트는 거리에서 노래를 부르게 되었다.

"자, 에디트. 노래를 불러 보렴. 크게 아주 크게 불러야 한다. 그래야 저 멀리 있는 부자들이 듣고 우리한테 돈을 주러 올 게 아니냐!"

'크게 노래를 부르라고? 그럼, 저 태양을 향해 목소리를 쏘아 올리자!'

에디트는 저 멀리 높은 곳에 있는 태양을 바라보았다. 그리고 태양을 향해 쏘듯이 노래를 불렀다. 에디트의 목소리는 거리에 울려 퍼졌다. 사람들은 거리에서 노래를 부르는 가수를 보기 위해 발걸음을 옮겼다.

'내 노래가 지금 거리에 울려 퍼지고 있어. 사람들이 하나 둘 노랫소리를 따라서 이 거리로 오고 있다고. 발자국 소리가 내 심장

소리처럼 점점 가까이 들려 오고 있어.'

에디트는 거리에서 노래를 부르며 성장했다. 거리는 에디트의 무대였다. 가난한 사람도, 부자도, 아이도, 어른도 누구나 관객이 될 수 있는 곳. 하루하루를 견뎌 내야 하는 빈민가 사람들, 어린 나이에 공장으로 일하러 가는 아이들, 교양 있는 부르주아들. 모두 에디트의 관객이 될 수 있었다. 관객들이 몰리고 박수 소리가 커질수록 에디트의 가슴은 두근거렸다.

하지만 거리의 무대가 끝나면 어둠 속에서 사람들이 주고 간 동전들만 반짝반짝 빛났다. 에디트는 그 동전들을 만지며 허전함을 느꼈다. 에디트의 가슴은 타오르지 않는 순간 불 꺼진 난로처럼 변했다. 밤이 되면 에디트는 허름한 여관에 혼자 남겨졌다. 어둠을 끔찍하게 싫어한 에디트는 결국 아버지를 따라 싸구려 술집에 가기도 했다.

에디트는 거리와 술집에서 유년 시절을 보냈다.

십대 후반에 딸을 잃다

일할 수 있는 나이가 되자, 에디트는 십대 중후반부터 작은 가게에서 점원 노릇을 했다. 하지만 그 일은 에디트의 성격에 맞지 않았다. 어릴 적 아버지를 따라 프랑스 전역을 돌아다녔기 때문인지 에디트는 한곳에 얽매이는 것을 싫어했다.

그 무렵 에디트는 친구 모몬을 만나서 친자매처럼 가깝게 지냈다. 그러다 두 소녀는 거리에서 밴조를 연주하며 듀엣으로 노래를 부르기 시작했다.

"모몬, 오늘은 몽마르트르 언덕에서 노래를 부르자!"

"좋아."

노래를 부르는 쪽은 에디트였다. 모몬은 옆에서 작은 목소리로 따라 부르거나 코러스를 넣었다.

"모몬, 네가 내 옆에 있으니까 정말 좋아. 자신감이 생기거든."

비록 친자매는 아니지만, 에디트는 모몬을 거리에서 만난 자매처럼 대했다. 거리의 자매, 에디트와 모몬은 노래를 불러서 번 돈으로 피갈 거리를 돌아다녔다. 가는 곳곳마다 술집이 있는 피갈 거리. 거리는 여전히 에디트에게 삶의 무대였다. 가정의 보호를 받지 못한 에디트는 거리에서 많은 경험을 했다. 에디트가 동갑내기 남자를 만나서 가정을 꾸린 것도 십대 후반이었다.

루이라고 불리는 그 청년에겐 내세울 만한 직업이 없었다. 배달일과 술집 웨이터 일 등을 닥치는 대로 했다. 에디트에게 먼저 달콤한 고백을 한 남자는 루이가 처음이었다.

"에디트, 너의 노래를 들으면 나는 황홀해져. 그건 너를 사랑하기 때문이야. 너를 사랑하니까, 네 노랫소리에 가슴이 떨리는 거지."

에디트는 루이와 가정을 꾸리면 매일 달콤한 기분을 느낄 거라 기대했다. 비록 혼인 신고는 하지 않았지만 어린 남녀는 부부처럼 생활했다. 여관방에 신혼살림을 차리고, 세실이라는 여자 아기를 낳아 길렀다. 하지만 소녀 에디트가 꿈꾼 장밋빛 달콤한 생활은 어디에도 없었다. 에디트는 허름한 여관방에서 아이만 돌보며 살 수 없었다.

"에디트! 왜 빨래를 안 해 놓지? 방 안은 또 이게 뭐고? 이러니 애가 건강이 안 좋잖아. 노래는 더 이상 부르지 마! 좋은 아내와 엄마가 되란 말이야."

에디트가 노래를 부르고 오면 부부 싸움이 벌어졌다. 사실, 에디트는 어머니가 딸에게 어떤 정성을 쏟아야 하는지 잘 알지 못했다. 결국 에디트는 어린 딸을 아이의 아버지에게 맡겨 버렸다. 그 편이 서로에게 좋은 일이라고 판단했다.

그러던 어느 날, 에디트는 노래를 부르기 위해 모몬과 함께 거리에 서 있었다. 아이의 아버지, 루이가 다가왔다.

"에디트! 세실이…… 그만……."

에디트는 불길한 예감을 느끼며 루이를 따라갔다. 세실은 병원 영안실에 누워 있었다. 세실의 나이는 두 살 반밖에 되지 않았다. 차갑게 식어 버린 딸을 보며 에디트는 아무 말도 할 수 없었다.

세상의 모든 소리들은 들리지 않고, 빛도 꺼져 버린 듯했다. 그런데 멍하니 서 있던 에디트가 떨리는 손으로 가방을 뒤지기 시작했다. 에디트는 병원에 있는 작은 가위를 집어 들었다. 그리고 세실의 머리카락을 자르기 시작했다.

"에디트, 뭐 하는 거야?"

모몬이 에디트를 말렸다.

"머리카락을 가지고 있어야만 영혼이 머무를 수 있대."

이후 에디트는 슬픔을 느낄 마음의 여유조차 없었다. 딸의 장례 비용을 마련하러 다녀야 했다. 십대 시절 에디트가 만들었던 보금자리, 가정은 그렇게 산산조각 났다.

에디트는 다시 거리에서 노래를 불렀다. 노래만이 구원이었고, 살길이었다. 어느 날, 그 노랫소리를 듣고 사람들이 하나 둘 모여들기 시작했다. 어느덧 에디트는 사람들에게 둘러싸여 있었다. 그 사람들 가운데 한 사내가 가수의 노래를 진지하게 듣고 있었다. 노래가 끝나자 사람들은 박수를 쳤다. 모자에 지폐와 동전을 넣은 사람들도 있었다. 그리고 하나 둘 자리를 떠났다. 에디트가 돈을 줍기 위해 허리를 굽혔을 때였다. 한 사람이 박수를 치고 있었다. 에디트는 고개를 들어, 마침내 그를 보았다.

그는 행운처럼 에디트 앞에 서 있었다.

노래하는 참새, 라 몸 피아프

파파 루이와의 만남

"안녕? 작은 아가씨. 혹시 음악 레슨을 받은 적 있는지 물어봐도 실례가 안 될까?"

'학교에도 가 보지 못했는데, 음악 레슨이라니!'

에디트는 조심스럽게 고개만 저었다. 남자는 에디트를 부드러운 눈빛으로 바라보았다. 그런데 가만 보면 그 눈빛은 날카로웠다.

"이름을 물어봐도 실례가 안 되겠지?"

"에디트 조반나 가시옹."

"음, 칙칙해. 색깔로 치자면 검은색이야. 평생 거리의 가수 노릇만 할 이름인걸? 나는 카바레 자니스의 지배인 루이 르플레야. 우리 카바레에서 아가씨의 노래를 한번 들어보고 싶은데, 어때?"

루이 르플레. 카바레 자니스의 지배인. 그는 에디트에게 명함을 준 후 길을 갔다. 카바레는 1880년대 프랑스 파리에서 시작된 사교장이었다. 사람들은 그곳에서 공연을 보며 모임을 가졌다. 무대가 있는 카바레. 명함을 쥐고 있는 동안 에디트의 심장이 두근거렸다. 에디트에게는 분명히 '노래'라는 날개가 있었다. 그런데 그 날개를 펼칠 수 있는 공간은 거리뿐이었다. 거리에서 노래를 부르려면 경찰의 감시를 받아야 했다. 에디트가 노래할 때 돈까지 주는 경찰도 있긴 했다. 하지만 거리는 언제든지 쫓겨날 수 있는 무대였다.

자니스는 피에르 샤롱 거리에 있었다. 에디트는 곧 자니스를 찾아 갔다.

"에디트, 반가워. 그동안 어떻게 지냈어?"

루이 르플레는 에디트 앞에서 아버지처럼 웃었다. 순간 에디트는 자신이 살아온 이야기를 얘기하고 싶었다. 부모에게 버림받은 어린 시절, 눈병을 앓았다가 영양 결핍이 심해져 실명 위기까지 갔던 일, 아버지를 만나 거리에서 노래를 부르게 된 일, 십대에 가정을 만들고 딸을 잃은 일까지. 그러고 보니 부모의 보살핌을 받으며 성장했다면 평생 겪지 않아도 될 일이 태반이었다. 그러나 곧 루이 르플레는 아버지 같은 미소를 거두고, 유명한 카바레의 지배인답게 다소 냉정한 표정을 지었다.

"꼬마 아가씨는 왜 노래를 부르지?"

에디트는 당황했다.

"결국, 생계 때문에 노래를 부르는 거리의 가수였군."

단순히 생계 때문이라니! 에디트는 루이 르플레의 말에 자극을 받았다. 어린 시절, 노르망디의 아가씨들이 노래를 부르던 모습도 떠올랐다. 아가씨들의 노래에는 절박함이 있었다. 생활을 이어 가기 위한 노래들만이 가질 수 있는 절박한 호소.

"예, 맞아요. 저는 거리의 가수예요. 그래서 삶을 노래하죠. 저한테는 노래가 곧 삶이거든요. 노래밖에는 아무것도 없어요. 저는 살기 위해서 노래를 부르는 거리의 가수입니다."

루이 르플레는 묘한 미소를 짓고 있었다.

"그럼, 저 무대 위에서 삶 같은 노래를 불러 보겠어?"

오디션의 시작이었다.

에디트는 떨리는 가슴을 품고 무대 위로 올라갔다. 오래전 천사들이 들려주었던 속삭임, 노동자들이 술집에서 부르는 노래, 무대에서 노래를 부르라고 말하던 노르망디의 아가씨들. 여러 가지 일들이 에디트의 눈앞을 스쳐갔다. 에디트는 숨을 가다듬은 후 노래를 불렀다. 그런데 루이 르플레는 에디트가 노래를 할 때나 마쳤을 때나 무표정한 얼굴을 하고 있었다. 에디트는 긴장된 얼굴로 루이 르플레를 바라보았다.

"목소리는 아주 좋아. 그런데 훌륭한 재료로 무엇을 만들어야 하는지 모르고 있어. 이곳은 거리가 아니야. 파리 시내에는 크고 작은 카바레들이 있고, 카바레마다 손님들을 모으는 간판 가수가 있어. 아가씨는 그 가수들과 경쟁을 해야 하는 거야. 프랑스 파리를 뒤흔들 인기 가수가 되고 싶나?"

에디트는 고개를 끄덕였다.

"그러면 항상 이 점을 명심해야 해. 무일푼으로 에디트의 노래를 들으러 오는 사람은 여기에 아무도 없다는걸. 에디트의 노래에는 그만한 가치가 있어야 해. 사람들을 유혹해야 한다는 게 무슨 말인지 알겠어?"

거리와 무대.

거리에서는 노래의 형식이 중요하지 않았다. 큰 목소리로 사랑 노래를 부르면 사람들이 몰려들었다. 하지만 무대가 있는 카바레에서는 노래에도 형식이 있었다. 그동안 거리에서 좋아하는 노래만 불러 온 에디트는 신선한 충격을 받았다.

루이 르플레는 에디트가 음악 교육을 받지 않았다는 사실을 잘 알고 있었다. 만일 에디트가 음악 교육을 받았더라면 거리에서 노래를 부르지 않았을 테니까. 루이 르플레는 에디트가 평탄치 않은 삶을 살아온 것도 눈치 챘다. 그 점이 노래에 고스란히 묻어나 많은 사람들의 마음을 자극하리란 것도.

루이 르플레는 뭔가를 생각하는 듯 고개를 숙이고 있었다. 에디트 역시 고개를 숙이고 있었다. 오디션에 떨어졌다고 생각한 것이다.

"아, 피아프! 너를 피아프라고 하자."

루이 르플레가 고개를 들고 외쳤다.

"왜 날 그런 눈으로 보는 거지? 설마 피아프의 뜻을 모르는 거야? 그렇다면 가르쳐 주지. 피아프는 귀여운 작은 참새. 거기에 아가씨는 체구가 아담하니까, 라 몸(어린 여자 아이) 피아프라고 부르면 좋겠군."

"나쁘지 않은 것 같아요."

"감격은 못할망정 나쁘지 않은 것 같다니! 라 몸 피아프, 아가씨를 훨훨 날게 할 수 있는 이름인데!"

"아, 네. 고마워요. 벌써 하늘을 날고 있는 기분이에요."

이제 에디트는 낮에는 자니스의 업무를 돕거나 거리에서 이런저런 아르바이트를 했다. 그리고 오후에는 루이 르플레가 소개한 전속 악단의 지휘자 밑에서 음악 교육을 받았다. 그사이 루이 르플레는 자신이 발굴한 가수의 화려한 데뷔 무대를 준비하고 있었다.

'에디트는 파리에서 유명한 가수가 될 거야. 내 감각을 믿어. 세기에 남을 가수를 발견한 나의 안목을.'

자니스의 무대에 서다

"자니스에 오신 여러분! 오늘 여러분은 특별한 가수를 만나게 될 것입니다. 체구는 작지만 압도적인 에너지를 가진 가수. 자니스의 노래하는 참새, 라 몸 피아프!"

루이 르플레가 무대에서 에디트를 소개했다. 에디트는 분장실에서 떨리는 가슴을 진정시키는 중이었다. 그리고 곧 무대로 나갔다.

에디트는 더 이상 거리의 가수가 아니었다. 루이 르플레와 계약을 한 자니스의 소속 가수였다. 자니스의 조명은 에디트에게 새로운 태양이었다. 자니스에는 일탈을 꿈꾸는 부르주아들부터, 예술가, 동성애자 등 다양한 사람들이 드나들었다. 에디트는 147센티미터의 키에 마른 편이어서, 무대에 서 있으면 아이처럼 보였다. 이런 이미지는 자니스의 다양한 관객들에게 매력으로 다가왔다.

곧 밴드가 음악을 연주했다.

1935년, 스무 살의 에디트는 자니스의 무대에서 라 몸 피아프로 다시 태어났다.

에디트가 노래를 끝냈을 때 관객들은 기립 박수를 쳤다. 이런 열띤 호응은 다음 날에도 이어졌다.

"이 순간 파리의 카바레 중에서 가장 에너지가 넘치는 곳이 어딘 줄 아시오?"

"너무 쉬운 질문인데요. 바로 자니스죠. 피아프가 무대에서 노

래를 부르고 있잖아요. 피아프의 노래는 이 카바레를 뚫을 만큼 힘이 있어요."

루이 르플레는 손님들의 반응을 들으며 자부심을 느꼈다. 그리고 에디트의 다음을 생각했다. 카바레 분위기가 제각각 다른 것처럼 가수에게도 개성이 있어야 했다. 에디트는 계약 기간 동안 성공적으로 데뷔 무대를 마쳤다. 처음 자니스와 에디트의 계약 기간은 일주일 남짓이었다. 당연히 루이 르플레는 에디트와 계약 기간을 연장했다.

"피아프, 그녀에게는 그녀만의 것이 필요해."

어느 날 루이 르플레는 에디트 앞에서 혼잣말을 했다.

"루이? 그녀라니요? 저는 여기 있다고요."

"에디트, 가끔은 자기 자신과 노래하는 피아프를 따로 볼 필요가 있어. 그러면 노래하는 피아프에게 필요한 것이 무엇인지 훨씬 잘 보이거든? 자, 우리 함께 눈을 감고 노래하는 피아프를 보자고. 그녀는 지금 어떤 모습을 하고 있지?"

"노래하는 피아프는 몹시 몸집이 작아요. 머리는 덥수룩하고. 몸매는 깡말랐어요. 그리고 그녀는 검은 옷을 입고 있어요. 이런, 상복처럼 보이네요."

"내가 보는 피아프는 조금 다른데? 그녀는 검은 옷을 입고 있지만 상복처럼 보이지 않아. 물론, 처음에 그녀는 가난해서 무대 의

상이라곤 그 검은 옷밖에 없었지. 확실히 검은 옷을 입고 있는 그녀는 가난한 고아 소녀 같아. 하지만 무대 밖으로 시선을 돌려 봐. 피아프가 자니스에서 노래를 부른 첫날이야. 방금 피아프는 노래를 다 끝냈어. 자, 무대 밖에 뭐가 보이지?"

"사람들이 피아프를 위해 박수를 치고 있어요."

"그래, 바로 그거야! 피아프가 검은 옷을 입고 있다면 그건 다른 여자들의 검은 옷과는 다른 거야. 검은 옷을 입은 피아프는 내 눈에는 참 특별해 보이는군. 심지어 교양 있는 여자로까지 보이는 걸? 이제 에디트는 노래하는 검은 참새가 되는 거야!"

루이 르플레는 체구가 작은 에디트에게 검은 드레스를 입도록 권했다. 검은 드레스를 입은 에디트는 신비로워 보였다. 교양 있는 여자처럼 보이기도 했다.

루이 르플레의 안목은 정확했다. 절망 가운데 빛을 열망하는 마음, 사랑을 향한 열정, 가난한 사람들의 희망, 에디트의 애절하면서도 성량이 풍부한 목소리는 이런 대중의 바람을 담을 수 있는 좋은 그릇이었다. 루이 르플레는 에디트의 노래가 사람들을 불러 모으는 것을 보고 대중성을 확신했던 것이다.

이제 자니스에는 에디트의 노래를 듣기 위해 찾아오는 손님들이 늘어났다. 에디트는 단기간에 자니스의 간판 가수가 되었다.

에디트는 루이 르플레의 손에서 가수 피아프로 다시 태어났다.

새는 새장 속에서도 노래한다

에디트 피아프는 눈물 끝에 선 인생을 노래했다.

- 레이몽 아소

빛의 무대에서 다시 어둠으로

에디트의 인기는 파리 시내에서 나날이 높아졌다. 관객들은 자니스의 노래하는 작은 참새, '라 몸 피아프'를 환호했다. 관객들 중에는 문화 술계의 유명 인사들도 있었다.

"루이, 피아프는 재능이 넘치는 가수야."

유명한 가수, 모리스 슈발리에도 에디트의 노래에 빠져 있었다.

에디트는 자니스의 인기 가수가 되면서 많은 음악 관계자들을 알게 되었다. 모리스 슈발리에, 라디오 방송국 사장 자크 카네티, 시인 겸 작사가 레이몽 아소, 여류 작곡가 마르그리트 모노. 에디트는 피갈 거리의 친구, 모몬과도 친분을 유지했다.

자니스에 혜성같이 나타난 인기 가수 라 몸 피아프.

신문들도 앞 다투어 라 몸 피아프의 기사를 내보냈다. 주로 거리의 가수가 유명 카바레의 간판 가수가 되었다는 점에 주목하고 있었다.

당시 에디트의 생활은 크게 두 가지로 구분할 수 있었다. 무대에서 열정적으로 노래하는 라 몸 피아프. 무대 밖으로 내려와 애인에게 달려가는 에디트. 무대에서 박수를 받은 후 에디트는 애인을 만나러 갔다. 마치 아이가 엄마의 품에 안기듯이.

루이 르플레는 이런 에디트를 따뜻한 눈으로 바라보았다.

"에디트, 떠돌이 군인들에게 애정을 갈구하지 마. 이제 너는 사랑을 찾지 않아도 돼. 모든 사람들이 피아프의 노래 없이는 살지 못하는 날이 올 테니까."

"하지만 아직 불안해요. 이 꿈 같은 나날이 정말 꿈일 것만 같단 말이에요. 사람들은 노래하는 피아프만 사랑하는 거 아닌가요? 에디트를 사랑해 주는 사람들은 도대체 어디 있어요?"

"괜찮아. 두려워 마. 다 잘될 거야. 내가 에디트를 언제나 바라봐 줄게."

부모의 관심을 받지 못한 에디트는 루이 르플레에게 아버지의 정을 느꼈다. 그래서 루이 르플레를 '파파 루이'라고 부르며 잘 따랐다.

어느덧 시간이 흘러, 에디트가 자니스에서 데뷔 무대를 가진 지 6개월로 접어들고 있었다.

1936년 4월 6일, 에디트는 계단을 오르며 주위를 두리번거렸다. 전날 밤, 루이 르플레는 에디트의 전화를 받지 않았다. 그래서 에디트가 집으로 찾아온 것이다. 집 주변에 경찰차와 취재진이 와 있었다. 게다가 현관문이 열려 있었다. 그리고 마침내 에디트는 뜻밖의 광경을 보고 말았다.

거실 바닥에 칼에 찔린 채 누워 있는 루이 르플레.

파파 루이가 죽은 것이다. 에디트는 그 끔찍한 현장에서 도망치고 싶었다. 하지만 경찰은 에디트를 내버려 두지 않았다.

에디트는 슬픔과 충격으로 정신이 멍한 상태에서 경찰의 심문을 받아야 했다.

"루이 르플레가 당신을 굉장히 각별하게 대했다고 하던데?"

"파파 루이는 내 노래를 각별하게 생각했어요."

경찰의 심문은 집요했다. 루이 르플레가 죽기 전에 에디트는 불우한 환경을 딛고 선 가수로 평가됐다. 하지만 살인 사건 후 에디트의 평판이 안 좋아졌다. 거리의 가수 출신으로 몇 개월 만에 유명 뮤직홀의 간판 가수로 성장한 점. 자니스의 인기 가수로 있으면서 남자들과 잦은 만남을 한 점. 사람들은 에디트를 의심의 눈초리로 보았다.

"당신 때문에 루이 르플레에게 원한을 가진 가수들도 꽤 될 텐데? 루이 르플레가 그런 말은 안 했나?"

"루이는 내 앞에서 누구를 미워한다는 말은 꺼내 본 적도 없어요. 프로였으니까요. 사사로운 감정에 얽매인 사람이 아니라고요."

"프로 루이 르플레가 당신을 몇 개월 만에 간판 가수로 키웠단 말이지? 당신의 실력이 꽤 대단한가 보군."

루이 르플레가 에디트를 간판 가수로 키우면서 기존에 있던 자니스의 가수들은 무대 밖으로 밀려나야 했다. 루이 르플레가 감정에 얽매이는 사람이었다면 옛 가수들에게 무대를 주었을 것이다. 하지만 세상 사람들의 시각은 달랐다. 루이 르플레가 사사로운 감정에 얽매여서 에디트를 간판 가수로 키웠다고 믿었다.

말 만들기 좋아하는 사람들에게 루이 르플레 사건은 좋은 소재거리였다. 파리 시내의 신문들도 루이 르플레 살인 사건과 에디트를 연관 지었다. 결국 루이 르플레 사건은 범인을 찾지 못한 채 우발적 살인 사건으로 마무리되었다. 하지만 에디트는 루이 르플레 살해 사건의 혐의자로 낙인찍혀 있었다.

온갖 소문에도 불구하고 에디트는 루이 르플레의 장례식에 참석했다. 루이 르플레는 살아생전에 여자들을 멀리 했다. 장례식에서 친분이 있는 여자 조문객은 좀처럼 찾기 어려웠다. 자연히 에디트는 눈에 띨 수밖에 없었다.

"아니, 어떻게 루이의 장례식에 올 수가 있죠?"

"그만한 배짱이 없었으면 어떻게 거리의 가수 신세를 면할 수 있었겠어요?"

"사실, 피아프가 그냥 풀려났다는 게 기적처럼 느껴질 때가 있어요. 거리에서 노래로 동냥하던 그녀가 갑자기 스타가 된 기적이 이루어진 것처럼."

에디트는 세상의 차가운 맛을 보았다. 따뜻한 엄마 품속에 있다가 느닷없이 매서운 바람이 부는 거리로 내던져진 것처럼. 모르는 사람들이 손가락질 하는 것은 그래도 참을 수 있었다 문제는 카바레 관계자들도 에디트를 꺼려했다

"만일 루이가 피아프를 무대에 세우지 않았다면 그는 살아 있었을 거야."

"맞아. 어쩌면 검은 옷이 화근이 된 건지도 몰라. 피아프 뒤에는 검은 불행이 그림자처럼 붙어 있다고."

에디트의 검은 옷은 불행의 상징이 되었다. 자주 만나던 모몬과도 연락이 되지 않았다. 자니스에서 에디트는 7개월 동안 인기 가수로 지냈다. 그 후 루이 르플레의 죽음과 함께 에디트는 어둠 속으로 들어온 것이다.

그 무렵, 레이몽 아소가 에디트에게 전화를 했다.

"힘들겠지만 노래를 포기하지 마요. 새는 새장 속에서도 노래하는 법이니까."

레이몽 아소는 진심으로 에디트를 격려했다. 하지만 에디트가 원하는 것은 '말'이 아니라 기댈 수 있는 누군가의 품이었다.

"나는 더 이상 피아프가 아니야. 내가 피아프라면 그건 새장에 갇힌 피아프일 뿐이야!"

에디트는 좀처럼 절망에서 빠져나오지 못했다. 하지만 언제까지나 절망할 수는 없었다. 에디트는 파리 시내 뮤직홀의 문을 두드렸다.

"오디션만이라도 보게 해 주세요."

"우리 가게는 가수가 넘쳐 나. 새로운 가수는 필요 없어. 하지만 자리가 비면 바로 연락할게."

유명한 카바레에서는 예의를 차리며 에디트를 거절했다. 자니스와 비슷한 수준의 무대에서는 노래를 부를 수 없었다. 운 좋게 저렴한 돈을 받고 무대에 오른 곳에서는 관객들의 야유가 쏟아졌다.

당시 극장에서는 영화 상영 중간에 관객들의 지루함을 달래기 위해 짧은 공연을 준비하기도 했는데, 에디트는 바로 그 공연을 하기 위해 영화관의 무대에도 섰다.

"검은 옷을 입은 여자를 끌어내라!"

"저 여자의 노래는 듣고 싶지 않다!"

관객들은 에디트를 향해 온갖 야유를 퍼부었다. 에디트는 어둠 속에서 언제나 빛을 갈망했다. 루이 르플레 사건으로 혹독한 슬럼프에 빠져 있던 시기에도 무대를 찾아 헤맸다. 하지만 노래를 못하는 상황이 계속되자 에디트는 벼랑 끝에 서 있는 기분을 느꼈다.

결국 에디트는 술 취한 사람들이 득실대는 싸구려 술집에서 노래를 불렀다. 차라리 관객이 술에 취해서 자신을 알아보지 못하는 편이 나았다. 에디트는 노래를 부를 수 있다는 그 사실만으로 힘든 생활을 견뎌 나갔다. 그 결과 뜻밖의 행운이 찾아왔다. '시테 라디오'의 사장 자크 카네티가 에디트의 노래를 내보내기로 결정한 것이다. 주변에서 왜 에디트의 노래를 내보내느냐고 물으면 그는 이렇게 말했다.

"대중들은 곧 살인 사건에 관계된 에디트를 잊을 테니까. 대신 가수 피아프를 원하게 될 걸세. 그게 바로 대중이지."

하지만 신념이 강한 자크 카네티라고 해도 대중의 반응을 무시할 수 없었다. 그래서 라디오 전파를 통해 에디트의 노래만 내보냈다. 에디트는 그동안의 마음고생으로 지쳐 있었다. 어둠 속에서 날 개만 파닥거리는 작은 참새와 같았다.

"무대에 서 있으면 내가 살아 있다는 게 느껴져. 그때만큼은 나 는 노래하는 참새, 피아프야. 하지만 무대에서 내려오면 초라한 내 영혼이 보여."

에디트는 애인의 품에 안겨서 이 말을 하고 싶었다. 애인의 품은 지친 마음을 누일 수 있는 유일한 쉼터였다.

바로 그 무렵, 레이몽 아소가 우연히 에디트 앞에 나타났다.

"에디트, 얼굴이 많이 수척해졌어. 건강이 안 좋은 거야?"

레이몽 아소는 에디트를 보자마자 건강을 염려했다. 에디트와 레이몽 아소는 루이 르플레가 살아 있을 때 몇 번 여러 사람들과 함께 만난 적이 있었다. 레이몽 아소는 시인과 작사가로 활동하는 젊은 예술가였다. 에디트는 평소에 레이몽 아소를 지성과 교양을 갖춘 남자라고 생각했다. 하지만 루이 르플레 살해 사건 후에는 레 이몽 아소의 격식 있는 말투에서 거리감을 느꼈다.

"다 알면서 왜 물어요? 최근 나한테 벌어진 일들을 모를 리가 없을 텐데요."

"이 정도로 상황이 안 좋은 줄은 몰랐어. 얼굴이 너무 안 좋아."

"지금 내 심정이 어떤지 알아요? 버팀목을 잃은 기분이라고요. 나는 고아가 된 거예요!"

에디트는 영혼을 품어 줄 보호자를 애타게 찾고 있었다. 그리고 레이몽 아소는 에디트의 호소를 들으며 책임감을 느꼈다.

에디트 피아프의 탄생

시인과 야생 소녀

레이몽 아소는 예술 전반에 걸쳐 폭넓은 지식을 가지고 있었다. 그는 에디트에게 자신이 알고 있는 것들을 가르쳐 주고자 했다. 우선 에디트는 레이몽 아소에게서 노래 지도를 받았다. 발성법, 악보 보는 법, 무대 매너 등.

"좋은 가수가 되려면 노래에 철학이 있어야 해. 지금 에디트의 노래는 쓸데없이 크기만 해."

"거리에서는 노래를 크게 불러야 해요. 그게 바로 거리의 철학이죠. 그래야 멀리 있는 부자가 노래를 듣고 오거든요."

에디트는 고분고분한 학생이 아니었다. 레이몽 아소가 교양을 갖춘 시인이라면 에디트는 거리에서 자란 야생 소녀였다. 하지만 음악은 두 사람 사이를 스승과 제자로 만들어 주었다. 레이몽 아소는 에디트의 자유분방한 생활 방식을 바꾸려고 했다. 하지만 에디트는 그런 교육에 익숙하지가 않았다. 살아온 방식을 한꺼번에 바꾸는 것은 쉬운 일이 아니었다. 에디트는 자유롭게 행동하고, 느끼는 그대로를 솔직하게 말해 왔다.

"에디트, 당신은 다이아몬드 원석처럼 아름다워. 하지만 다듬어져야 해. 우선 보통 사람 수준에 맞는 교양을 가져야 해."

"있는 그대로의 나를 봐 주는 사람을 원해요! 왜 내가 다른 사람을 위해 바뀌어야 하죠?"

"그게 바로 당신을 위한 일이기 때문이지. 지금 있는 그대로의 당신 모습을 말해 볼까? 당신은 검은 옷을 입은 작은 야생 소녀 같아. 우선 책을 좀 읽도록 해. 루이의 친구가 당신에게 글자를 가르쳐 준다고 하던데? 그걸 열심히 해."

만일 루이 르플레가 세상을 뜨지 않았다면 에디트는 그의 손길대로 다듬어졌을지도 모른다. 하지만 파파 루이가 없는 지금 레이몽 아소가 에디트를 변화시키고 있었다. 에디트는 레이몽 아소의 곁에서 교양을 익혀 가고 있었다.

"에디트, 만찬에 초대를 받았을 때는 주변 사람들과 먹는 속도를 맞추도록! 왼쪽, 오른쪽에 앉은 사람들이 무엇을 먹고 있는지 관심을 가져야 해. 만찬 중에 대화가 오갈 때는 귀를 기울이는 거야."

"다른 사람 밥 먹는 것까지 신경 써야 하다니, 감옥이 따로 없군요!"

"하지만 에디트, 그 사람들은 반대로 생각할 거야. 대화가 오고 갈 때 혼자 식사만 하고 있는 작은 아가씨를 야생 소녀처럼 볼 거야. 당신은 노래하는 새야. 새는 이 프랑스 하늘을 떠나서 다른 곳으로 훨훨 날아갈 수 있어. 그런데 그곳에 가서 여기는 프랑스와 다르다고 투덜댈 거야? 이 세상에는 에디트가 귀찮아하는 것들을 당연하게 해 온 사람들이 있어."

에디트는 레이몽 아소가 지나치게 형식적이라고 생각했다.

"내 친구들과 당신들의 가장 큰 차이점이 뭔지 알아요? 내 친구들은 자유로웠어요. 화가 나면 화를 냈고, 기쁘면 웃었어요. 그런데 당신네 부류는 식사를 할 때조차 다른 사람들의 눈치를 보는군요. 자, 어서 식사를 하셔야죠. 잔소리 레이몽이 어서 먹어야 야생소녀 에디트가 식사를 하지요."

"이제 거리의 친구들 말고 새로운 친구들을 사귀어 보도록 해."

레이몽 아소는 에디트가 교양을 갖춘 사람들과 교제하기를 원했다. 레이몽 아소를 통해 에디트는 마음의 안정을 느꼈다. 그리고 조금씩 변화하고 있었다. 이제 에디트는 혼자 응접실에 앉아 차를 마시게 되었다. 레이몽 아소가 추천한 책을 읽기도 했다.

'에디트, 당신은 그 자체로도 충분히 아름다워. 다이아몬드 원석처럼.'

레이몽 아소에게 에디트는 하나의 예술 작품이었다. 레이몽 아소는 점점 예술 작품에게 마음을 빼앗기고 있었다.

1936년, 프랑스에서 노동자들이 일제히 혁명을 외쳤다. 파시즘에 반대하는 인민 전선이 노동자 해방 운동에 불을 붙였다. 기계처럼 일을 하던 노동자들이 파업을 강행하며 더 나은 삶을 위해 투쟁했다. 그 결과 여름에 유급 휴가를 얻어낼 수 있었다. 이 시기에 프랑스 파리는 노동자들을 위한 축제의 장으로 바뀌었다. 노동자들이 있는 곳에 음악이 있었다. 이 무렵, 레이몽 아소의 교육은 갈수록 엄격해졌다. 에디트는 자유로운 옛 친구들을 만나고 싶었다. 레이몽 아소는 스승으로서 엄격했다. 지금까지 에디트는 스승의 역할을 하는 남자는 만나본 적이 없었다. 그 때문인지 레이몽 아소의 도움을 받으면서도 한편으로는 외로움을 느꼈다.

결국 에디트는 옛 친구들과 함께 취하고 노래 불렀다. 루이 르플레를 만나기 전의 생활로 자연스럽게 돌아간 것이다.

"내가 학교에 안 다닌 게 다행스럽게 여겨졌다니까. 선생님들이

란 원래 그렇게 답답한가? 레이몽 아소가 나를 가르치는 장면을 너희들이 한번 봐야 하는데."

어느 날 레이몽 아소는 친구에게서 에디트의 생활을 전해 들었다.

"그럴 리가 없어! 에디트는 내 일이 끝날 때까지 음악 공부를 하고 있기로 했어."

"그렇다면 두 가지 경우가 있을 수 있네. 첫째, 내가 본 여자는 에디트가 아니거나. 둘째, 자네의 교육이 잘못됐거나. 어쨌든 나는 싸구려 술집에서 분명히 에디트와 똑같이 생긴 여자를 보았네. 작은 키를 가진 여자 중에 과연 그렇게 노래를 잘하는 여자가 있을까?"

"에디트는 어떤 표정을 짓고 있었나?"

"고향에 돌아온 것처럼 편안해 보이더군. 인민 전선의 열기가 그녀에게서도 느껴졌네. 그녀는 자네라는 파시스트에게서 해방된 여인처럼 보였으니까."

레이몽 아소에게 에디트는 길들이기 힘든 야생 소녀였다. 그는 에디트를 자신의 생활 수준으로 끌어올리려고 부단한 노력을 기울였다.

어느 날, 에디트는 술에 취해서 레이몽 아소에게 전화를 걸었다. 에디트에게 필요한 것은 바로 레이몽 아소의 특별한 손길이었다. 그 누구보다 에디트 본인이 이 사실을 잘 알고 있었다.

"노래를 부르고 싶어요! 이대로 가다가는 영원히 날개를 잃어버릴 것만 같아요. 너무 두려워요. 빨리 노래를 만들어 줘요. 당신이 만든 노래라면 나를 다시 날게 해 줄 거예요!"

"에디트, 지금 어디 있소? 혼신의 힘을 다해서 당장 나한테 날아와요."

레이몽 아소는 마음속의 깊은 울림을 들었다. 마음이 에디트를 애타게 찾는 그 목소리를! 레이몽 아소는 조각품을 사랑한 피그말리온처럼 에디트에게 빠져 있었다.

운명에 맞서
눈부신 태양을 향해 그는 떠났네
뜨거운 모래 같은 날씬한 미남자
나의 외인부대 병사님

〈나의 외인부대 병사〉는 레이몽 아소가 작사한 곡이었다. 아소가 이 노래를 만들 때 영감을 준 사람이 바로 에디트였다. 원래 〈나의 병사님〉이었던 이 노래는 에디트가 영감을 준 덕에 〈나의 외인부대 병사〉로 바뀌었다. 1936년 가수 마리 뒤바가 이 노래를 처음 불러서 좋은 반응을 얻었다. 에디트를 만나기 전부터 레이몽 아소는 마리 뒤바의 일을 많이 도와주고 있었다. 이제 레이몽 아소는

〈나의 외인부대 병사〉가 에디트의 목소리에 더 잘 어울린다고 판단했다. 레이몽 아소의 판단대로 에디트가 부른 〈나의 외인부대 병사〉는 히트곡이 되었다.

레이몽 아소는 더 나은 에디트 피아프를 만들기 위해 최선을 다했다. 마침내 1937년 여름, 그 결과가 나타났다.

"에디트! 이제 당신은 대스타가 될 거야. ABC 무대에서 노래를 부를 테니까! 알지? ABC가 어떤 곳인지?"

ABC는 파리에서 제일 유명한 뮤직홀이었다. 대스타들만 출연할 수 있는 무대. 자니스보다 규모가 큰 뮤직홀에서 노래를 부를 수 있다는 것. 에디트는 흥분을 감출 수 없었다.

"역시 루이의 말이 맞았어요."

루이 르플레는 에디트에게 긍정의 중요성에 대해 강조했다. 가끔 에디트는 자니스에서 고아 같은 표정으로 멀뚱히 앉아 있을 때가 있었다. 그럴 때마다 루이 르플레는 다가와서 이렇게 말했다.

"피아프, 왜 그런 표정을 짓고 있는 거야?"

"파파 루이, 나는 불안해요. 내가 자니스의 인기 가수라고 해도 불안해서 죽겠어요. 이 모든 게 꿈인 것만 같아요. 꿈에서 깨면 차가운 현실이 기다리고 있어요. 영광 뒤에는 처절한 실패가 있을 것만 같다고요. 거리의 어둠이 내 몸뚱이를 집어삼킬 것만 같아요.

어쩌면 좋아요?"

"피아프, 그런 생각이 들 때마다 이렇게 생각해 봐. 모든 것은 잘 될 거야. 반드시 잘되게 되어 있어."

총명한 지배인 루이 르플레는 에디트의 영혼이 불안정한 상태에 있다는 것을 알고 있었다. 그 불안정함이 하나의 에너지로 응축되면 노래를 향한 열정으로 바뀐다는 것도. 무대에서 내려온 에디트는 누군가의 손길을 간절히 원하는 아이 같았다. 에디트가 원하는 것은 보호자이면서도 자신을 따뜻하게 품어 줄 애인이었다. 루이 르플레는 애인이 되어 줄 수 없었다. 그런데 레이몽 아소가 이 빈자리를 훌륭하게 채워 주었다.

에디트가 뮤직홀 ABC에 설 수 있었던 계기를 만들어 준 사람은 바로 레이몽 아소였다. 그는 에디트를 그곳에 출연시키기 위해서 뮤직홀 ABC의 사장 미티 골댕을 수차례 만났던 것이다. 미티 골댕은 한 가수를 자신의 무대에 세우기 전까지 치밀한 계산을 했다. 에디트는 살인 사건에 휘말린 적이 있는 스캔들의 가수였다. 그런 가수를 유명한 뮤직홀에 올린다는 것은 쉬운 일이 아니었다.

ABC 무대에서의 데뷔, 노래하는 참새, 에디트의 화려한 비상은 그렇게 시작되었다.

뮤직홀 ABC 무대에 서다

"에디트, 짧은 원피스를 입는 건 어때? 그리고 에디트 피아프가 되는 거야!"

"에디트 피아프라니요?"

"에디트 조반나 가시옹은 루이 르플레를 만나 라 몸 피아프로 태어났어. 하지만 이제 루이는 없어. 새롭게 출발해야지. 에디트 피아프로! ABC 무대에 서는 날, 당신은 자니스의 노래하는 참새가 아니야. 프랑스에서 당신을 모르는 사람이 없겠지. 에디트는 스타가 되어 있을 테니까."

에디트는 뮤직홀 ABC 무대에 서는 날만 손꼽아 기다렸다. 그리고 마침내 파리 시내 곳곳에는 에디트의 포스터가 붙어 있었다.

"이 포스터 좀 봐요. 피아프라고 적혀 있어요. 역시 글씨를 배워 두길 잘했군요. 아직도 문맹이었다면 이런 감동은 느끼지 못했겠죠?"

에디트는 ABC 뮤직홀의 포스터를 보며 아이처럼 기뻐했다. 그럴수록 레이몽 아소의 가슴 한구석에는 더 깊은 그늘이 드리워졌다. 사랑하는 사람을 잃을 것만 같은 두려움과 불안. 레이몽 아소는 두려움과 불안을 억누르려는 듯이 에디트를 껴안았다.

"에디트, 당신은 새야. 노래하는 한 마리 새."

날개를 퍼덕이며 다른 곳으로 훨훨 날아갈 수 있는 새. 하지만

그 새가 더 멀리 비상할 수 있도록 도와준 인물은 바로 레이몽 아소였다.

  짧은 검은 원피스. 마른 두 다리. 작은 키. 몽롱하고 깊은 눈동자.
  바로 ABC 무대에 서 있는 에디트 피아프의 모습이었다. 당시 여가수들은 무대에서 긴 드레스를 입었다. 그래서 관객들은 검은색 짧은 원피스를 입은 에디트를 더 유심히 바라보았다.
  그 무대에서 에디트는 라 몸 피아프가 아닌 '에디트 피아프'라는 이름으로 노래를 불렀다.
  ABC는 카바레 자니스와 차원이 다른 대형 뮤직홀이었다. 대형 뮤직홀답게 문화 예술계의 유명 인사들도 출입했다. 그날 객석에서 한 청년이 에디트의 모습을 진지하게 보고 있었다. 바로 장 콕토였다. 그는 시, 희곡, 영화, 음악, 평론 등 다방면에서 활약하고 있었다. 그는 인생의 새롭고 낯선 모험에 많은 가치를 두고 있었다. 그래서 1936년, 80일간의 세계 일주를 떠나며 낯선 풍경과 사람들을 만나기도 했다. 이 여행 중에 그가 화물선에서 찰리 채플린을 만난 일화는 유명하다.
  장 콕토는 에디트에게서 새로움과 열정을 보았다.
  허스키하면서도 성량이 풍부하고, 애절한 목소리. 에디트의 목소리는 그 자체로 듣는 이를 압도하는 에너지를 발산하고 있었다.

섬세하고 자유로운 영혼의 소유자 장 콕토는 에디트의 목소리를 영혼의 울림이라고 표현했다.

'에디트는 진정한 스타가 될 거야. 오로지 노래를 향해서 날아오를 테니까.'

공연 다음 날 〈르 피가로〉지에는 이런 글이 실렸다.

"파이프 이전에 피아프는 없었고 피아프 이후에도 피아프는 없을 것이다."

– 장 콕토

에디트는 장 콕토의 문장에서 깊은 영감을 받았다. 장 콕토와 에디트는 서로의 작품 세계를 인정했다. 장 콕토라는 이름은 에디트에게 신성한 별처럼 보였다.

"레이몽, 이것 좀 봐."

다음 날 아침, 에디트는 〈르 피가로〉지를 흔들어 보였다.

"재능 있는 친구가 당신을 알아보았군. 이제 여기저기서 당신을 찾을 거야."

에디트의 일이 잘 풀릴수록 레이몽 아소는 점점 불안감을 느꼈다. 작은 연인, 에디트가 어느 날 떠날 것만 같았다.

에디트의 ABC 무대공연은 대성공이었다.

레이몽 아소의 말대로 파리 시내의 뮤직홀에서 공연 섭외가 쏟아져 들어왔다. 에디트의 인기는 자니스에 있을 때와 비교가 되지 않을 정도로 올라갔다. 이제 루이 르플레 살인 사건은 한물간 스캔들에 불과했다.

바로 그 무렵, 프랑스에는 전쟁의 기운이 감돌았다.

독일 총통 아돌프 히틀러 지휘 아래 독일 군대가 오스트리아를 침공하여 마침내 합병에 성공한 것이다. 독일의 힘이 점점 거세지자 1938년 프랑스 총리와 외무 장관은 뮌헨 협정에 서약을 했다. 뮌헨 협정은 체코의 수데텐란트 지방을 독일에게 양도하는 조건으로 전쟁을 일으키지 말자는 4국 수뇌부의 합의였다. 하지만 독일이 이 협정을 위반하면서 유럽 전체에 피할 수 없는 전쟁의 먹구름이 드리워졌다.

1939년, 프랑스 거리 곳곳에 피난민이 줄을 이루었다.

에디트가 장 콕토를 만난 것은 바로 그 무렵이었다. 악보 출판업자 집에서 에디트는 장 콕토와 인사를 나누었다. 장 콕토는 열여섯 살이나 많았지만 에디트에게 예의를 갖추었다. 에디트는 이런 장 콕토에게 호감을 가졌다.

"저는 문학에 대해서 잘 몰라요. 하지만 노래를 부르고 있으면 샹송이 한 편의 시처럼 느껴져요."

"샹송은 노래로 된 시라고 할 수 있겠죠. 모든 예술은 서로 연결되어 있으니까요. 에디트, 내 눈에는 우리의 영혼이 비슷한 색으로 보이는군요."

장 콕토는 품위 있는 예술가였다. 그의 폭넓은 감성과 시야, 다양한 재능은 에디트에게도 좋은 영향을 끼쳤다. 두 사람은 곧 특별한 친구가 되었다.

반면 레이몽 아소와 에디트 피아프 사이에는 끝이 보였다. 두 사람은 더 이상 연인의 대화를 주고받지 않았다.

"장은 대단한 예술가야. 대화를 하면 노래가 하고 싶어져."

"장 콕토도 당신을 보면 예술적 영감을 얻겠지? 장 콕토와 당신은 예술적 동지로군."

"내가 장 콕토를 알게 된 건 당신이 나를 도와준 덕분이야. 그런데 요즘 당신은 도무지 나를 도와주지 않아. 오히려 힘들게 하고 있어. 이 사실을 당신 스스로 깨달아도 참 좋을 텐데."

"에디트, 나도 한 가지 사실을 당신에게 말해 주고 싶어. 장 콕토가 당신을 여자로 사랑하는 일은 없을 거야. 들리는 소문에 의하면 그는 게이라더군."

결국 레이몽 아소는 1939년 8월, 의용군 자격으로 2차 세계대전에 나갔다. 에디트는 스승이면서 애인이었던 남자와 결별했다. 이제 에디트에게 필요한 것은 새로운 경험이었다.

훗날, 레이몽 아소는 에디트의 유작 〈베를린의 남자〉 레코드 서문을 쓰면서 에디트 피아프의 처음과 끝을 돌보아 준 사람으로 남았다.

에디트의 새 애인은 가수 겸 배우인 폴 모리스였다. 에디트는 아나톨포르주 거리 14번지에 큰 아파트를 얻어서 새 애인과 함께 지냈다. 에디트는 애인에게 깊은 애착을 가지고 있었다. 반면 폴 모리스는 에디트의 사랑을 부담스러워했다. 그래서 그는 에디트 앞에서 냉담을 표정을 짓곤 했다.

장 콕토는 이 연애담을 소재로 희곡 〈냉담한 미남〉을 썼다. 〈냉담한 미남〉은 전화를 소도구로 이용한 1막 연극이었다. 이 연극에는 말이 없는 냉담한 한 사나이가 등장하는데, 폴 모리스가 이 역할을 맡았다. 장 콕토는 피아프를 위해 〈마르세유의 망령〉이라는 모놀로그 극을 쓰기도 했다. 장 콕토와 에디트는 여전히 동시대 예술가로서 좋은 관계를 유지했다.

"에디트, 당신의 표정에 빛과 그늘이 공존하고 있어."

"장, 나는 어둠이 무서워. 하지만 캄캄한 밤이라고 해도 불빛과 애인이 있으면 두렵지 않지."

"어둠을 견뎌 내야 하는 건, 에디트의 숙명일지도 몰라."

1940년 연극 〈냉담한 미남〉 초연은 관객들의 열띤 호응을 받아

서 3개월 동안 상연되었다. 1953년에 마리니 극장에서 다시 상연
됐을 때 에디트의 상대역은 자크 필스였다.

　에디트의 인기는 하루가 다르게 올라갔다. 신문들은 에디트가
거리의 가수에서 뮤직홀의 스타가 된 것을 대서특필했다. 파리 시
내의 벽은 에디트의 포스터로 도배가 되다시피 했다. 당시 파리에
는 에디트의 열기와 2차 세계대전의 무거운 기운이 함께 흐르고
있었다.

　이 무렵, 폴 모리스는 전쟁에 소집됐다. 에디트와 폴 모리스는
자연스럽게 각자의 길을 갔다.

음악의 벗들

마르그리트 모노와 미셸 에메

어느덧 파리도 독일군의 점령지가 되었다. 하지만 전쟁 중에도 예술의 도시 파리 곳곳에는 음악이 울려 퍼졌다. 파리 시내의 유명 뮤직홀에서 앞 다투어 에디트를 섭외했다. 에디트는 가수로서 행복한 시절을 보내고 있었다. 에디트의 집은 자주 손님들로 붐볐다. 그 사람들 중에서 에디트는 음악의 벗들을 소중하게 생각했다.

"에디트, 떠나간 애인은 잊고 자신을 기쁘게 해 주는 방법을 찾아 봐."

어느 날 실력 있는 여성 작곡가 마르그리트 모노가 말했다.

마르그리트 모노는 자니스 시절부터 에디트와 좋은 벗으로 지냈다. 에디트가 불러서 히트한 〈나의 외인부대 병사〉가 바로 레이몽 아소 작사, 마르그리트 모노 작곡의 노래였다. 나중에 마르그리트 모노는 에디트가 스스로 음악을 만들 수 있도록 도와주었다.

"나를 기쁘게 해 주는 방법? 그건 간단해. 사랑을 하는 거야. 무대에서 내려오면 악몽을 꾸는 것 같아."

"에디트, 왜 삶이 악몽이라고 생각해?"

"지금 이렇게 좋은 아파트에서 살고 있지만 다음 날 잠에서 깨면 이 모든 것이 꿈인 것만 같아서 불안해. 불행은 내 뒤에 그림자처럼 바싹 달라붙어 있어. 아, 불행의 얼굴을 본다는 건 얼마나 끔찍할까? 그런데 마가렛, 더 끔찍한 건 그 불행의 얼굴이 내 얼굴이면 어쩌지? 파파 루이가 살해당한 후부터 불행이 내 친구라는 것을 깨달았어. 오늘의 에디트가 웃고 있어도 내일의 에디트는 울어야 할지 몰라."

화려했던 자니스 시절, 에디트는 처음으로 행복하다고 느꼈다. 그런데 루이 르플레의 갑작스런 죽음은 에디트를 다시 어둠 속으로 밀어 넣었다.

"지금 파리 시내는 전쟁 때문에 얼마나 살벌한지 몰라. 그런데 우리는 계속 작업을 할 수 있잖아. 이 어지러운 상황에 우리만큼 행복한 사람들이 또 있을까? 비록 파파 루이는 너를 떠났지만 새로운 파파 레이몽 아소가 나타났잖아."

"아, 잔소리 선생 레이몽. 분명 나한테 소중한 사람이야. 하지만 나는 그를 떠날 수밖에 없었어."

"그래, 너는 노래하는 새니까. 새를 새장에 가둬 둘 수는 없지. 그러니 너의 영혼을 자유롭게 풀어 줘."

"마르그리트, 우리 음악을 만들어 보자."

에디트는 마르그리트 모노를 피아노 앞으로 데리고 갔다. 마르그리트 모노는 피아노를 연주하기 시작했다. 그러자 에디트는 즉석에서 가사를 붙여서 노래를 불렀다. 파티를 하는 도중에도 에디트는 가끔 작곡가들을 피아노 앞으로 데리고 가서 노래를 만들자고 했다. 에디트가 음악의 벗들과 일상을 공유하기에 가능한 일이었다.

1939년, 한 군인이 에디트의 집 현관에 서 있었다. 잠시 후 비서 앙드레 비가르가 에디트의 귀에 속삭였다.

"한 군인이 만나고 싶다고 찾아왔어요. 휴가를 얻어서 왔대요. 마드무아젤을 만나서 용건을 말하겠다고 하네요. 돌려보낼까요?"

"돌려보내. 약속이 있어서 곧 나가 봐야 해."

그러나 에디트는 다시 소리쳤다.

"아니, 독일군이 아니라면 들여보내! 휴가를 얻어서 나를 찾아왔다면 분명 그 사람 인생에서는 중대한 일일 거야."

곧 군인이 비가르와 함께 거실로 들어왔다.

"미셸 에메라고 합니다. 제가 만든 노래 악보를 가지고 왔습니다. 만약 괜찮다면……."

"나보고 그 노래를 불러 보라고? 그럼 빨리 피아노 앞에서 연주해 봐요. 약속이 잡혀 있어서 10분밖에 들어줄 수 없어요."

군인은 바로 피아노 앞에서 노래를 부르며 연주를 했다. 에디트의 집에 모인 사람들은 에디트와 군인 청년을 호기심 어린 눈으로 바라보았다.

거리 모퉁이에서 여자는 슬픔에 빠져 있네

그녀의 아코디언 연주자가 군대에 뽑혀 갔다네

아코디언 연자주가 무사히 돌아오면 둘이 가게를 열자

그녀는 경리, 그는 사장

이렇게만 된다면 인생은 얼마나 멋질까

"그만! 됐어요."

갑자기 에디트가 오른손을 들면서 외쳤다. 사람들은 에디트가 무명 작곡가를 돌려보낼 거라고 생각했다. 하지만 에디트는 바쁘게 거실 여기저기를 돌아다니며 이렇게 말했다.

"이 노래 제목이 뭐죠?"

"'아코디언 연주자' 입니다."

"좋아요. 그 노래를 3일 후 보비노 극장에서 부르겠어요."

거실에 있던 사람들은 에디트의 빠르고 단호한 결정에 깜짝 놀랐다. 놀라기는 노래를 부른 당사자도 마찬가지였다.

에디트는 비록 학교 교육을 충실히 받지 못했지만, 직관력이 발달해 있었다. 불행이 자신을 쫓아다닌다고 생각한 것도 날카로운 직관력 때문인지도 모른다. 하지만 이 예민한 직관력 덕분에 에디트는 장 콕토를 비롯한 예술가들과 특별한 친분을 유지할 수 있었다. 미셸 에메는 에디트가 직관력으로 발굴한 예술가였다.

에디트는 미셸 에메의 노래를 보비노 극장에서 불러서 큰 호응을 얻었다. 〈아코디언 연주자〉가 수록된 레코드는 1940년에 발매되어 베스트셀러를 기록했다. 에디트는 이 노래를 1950년대에 재취입해서 성공했다. 〈아코디언 연주자〉가 계기가 되어 에디트와 미셸 에메는 좋은 음악 동료 관계가 되었다. 에디트는 전쟁 중에 미셸 에메를 안전한 곳으로 피신시켰다. 2차 세계대전이 끝난 후 미셸 에메는 에디트를 더욱 신뢰했다. 〈닳아빠진 레코드〉〈길 저쪽에〉〈거리의 무도회〉〈축제는 계속되네〉〈사랑이란 그런 거지〉 등은 바로 에디트가 부른 미셸 에메의 곡이다.

"장 콕토의 말처럼 샹송은 하나의 시야. 나는 이 시를 대중들이 이해했으면 좋겠어. 그러려면 대중들이 이해할 수 있도록 가사를 써야 해. 이 전쟁 기간 중에 내가 할 수 있는 일은 바로 그거야. 대중들의 편에서 노래를 부르는 것. 사람들이 어둠 속에서 장밋빛 꿈을 꾸었으면 좋겠어. 마르그리트, 앙리 콩테의 가사는 나하고 맞아. 가사 한 줄에 인생이 담겨 있어."

"앙리 콩테가 에디트에게 선택된 순간이군."

에디트는 앙리 콩테의 가사를 마음에 들어 했다. 앙리 콩테는 주로 간결한 표현을 썼다. 에디트는 그 평범한 노랫말에 끌렸다. 서민들이 겪는 기쁨과 슬픔. 가난한 사람들의 사랑 이야기. 에디트의 샹송은 보통 사람들의 삶에 기반을 두고 있었다. 앙리 콩테는 저널리스트와 작사가로 활동하고 있었다. 그래서 다방면의 사람들을 어떻게 대해야 알지 잘 알고 있었다.

어느 날 에디트는 앙리 콩테를 집으로 초대했다.

"여기에 와서 일하는 건 어때요?"

에디트는 그의 지적인 외모와 예의 바른 행동에 더욱 호감을 느꼈다. 그 후 앙리 콩테는 에디트를 위해서 많은 노랫말을 썼다. 앙리 콩테의 노랫말은 모노의 작곡과 에디트의 목소리를 만나 새롭게 변했다. 〈사랑 이야기〉〈경이로움〉 등은 앙리 콩테가 가사를 쓰고 에디트가 노래한 곡들이다. 에디트의 히트곡 〈빠담, 빠담〉 역시 앙리 콩테가 작사한 것으로 나와 있지만 가사를 완성한 사람은 에디트 피아프라고 한다.

예술의 도시 파리에는 나치를 상징하는 깃발이 걸려 있었다. 많은 프랑스 예술가들이 독일에 협력했다. 갈수록 상황이 악화되자 어느 날 앙리 콩테가 에디트를 찾아왔다.

"에디트, 파리 시내는 완전히 독일군 손아귀에 들어갔어. 시국이 어수선해서 이런 호화 아파트에 사는 건 위험해. 지낼 만한 곳을 알아봤어."

에디트는 앙리 콩테의 제안을 받아들이기로 했다.

어둠 속에서 피는 노래의 꽃

포로수용소에서 노래를 부르다

에디트 피아프는 어둠 속에서 스스로 타오르는 별이 될 것이다.

– 장 콕토

에디트는 곧 이사를 했다. 집주인은 '빌리'라는 여자였다. 빌리의 집은 밤이 되면 유흥 장소로 바뀌었다. 샴페인이 터지고 여자들이 노래를 부르고, 남자들은 술을 마셨다. 빌리의 집은 게슈타포와 가까운 거리에 있었다. 에디트는 독일 협력 예술가가 아니었다. 하지만 독일 장교들은 자신들이 드나드는 집에 사는 에디트를 의심하지 않았다. 앙리 콩테는 에디트를 위해 현명한 결정을 한 것이다.

빌리의 집에 에디트를 만나러 많은 사람들이 찾아왔다. 에디트의 인기와 명성을 이용하려는 사람, 에디트에게 인정받으려는 젊은 예술가, 예술가 친구 등. 에디트는 언제나 손님들을 극진하게 대접했다. 거리의 자매 모몬도 다시 불렀다. 하지만 에디트는 빌리의 집에 있으면서도 고독을 느꼈다. 여러 부류의 사람들을 불러서 자주 파티를 연 것도 고독을 잊기 위해서였다.

빌리의 집에 있는 동안 에디트는 앙리 콩테를 의지했다.

어느 날 밤, 에디트는 앙리 콩테에게 전화를 걸었다.

"오늘 밤 이곳으로 와. 노래를 만들자."

"에디트, 지금 일 문제로 다른 데 와 있어."

에디트가 두 손으로 머리를 감싸고 있을 때 노크 소리가 들렸다.

"마드무아젤, 혹시 몸이 안 좋은가요?"

비서 앙드레 비가르였다. 앙드레 비가르는 신중한 데다 눈치도 빠르고 상류 사회의 예의에 대해서도 잘 알고 있었다. 비서는 에디트가 밤에 고독해한다는 것을 눈치 채고 있었다. 에디트는 능력 있는 비서, 앙드레 비가르를 '데데'라고 불렀다.

"괜찮아, 가서 자도록 해."

에디트는 애인이 아닌 사람들 앞에서는 약한 모습을 보이지 않으려고 했다. 에디트에게 애인은 부모와도 같은 존재였다. 그래서 갈증에 시달리듯이 애정을 갈구했다.

2차 세계대전 중에 수많은 유대인들이 기차를 타고 죽음의 수용소로 향했다. 나치는 유대인이라면 남녀노소 불문하고 잡아들였다. 독일군은 마음에 들지 않으면 어느 나라 국민이든 아우슈비츠로 보낼 수 있었다. 하지만 다행히도 에디트는 파리가 점령당한 후에도 카바레에서 노래를 부를 수 있었다. 독일군은 프랑스의 인기 가수 에디트를 함부로 건드리지 않았다.

어느 날, 에디트는 창문으로 거리를 바라보고 있었다.

"데데, 저 소녀들 얼굴을 봐. 어린 소녀들이 노파처럼 보이지 않니? 이게 다 전쟁 때문이야."

"부모가 포로수용소에 잡혀 있을 지도 모르죠. 마드무아젤, 저 소녀를 위해 공연을 하는 게 어떨까요?"

"아주 좋은 방법이야. 지금 나한테 독일에 있는 프랑스인 포로수용소에서 노래를 하라고 말하는 거지?"

그러잖아도 독일군은 에디트에게 독일에서 노래할 것을 요구했다.

"정말 독일로 갈 건가요?"

"당연하지! 좋은 방법을 알았으면 바로 실행에 옮기는 거야!"

에디트는 프랑스인 포로들에게 노래를 들려주기 위해 독일로 향했다.

2차 세계대전 중에 독일 본토에만 140여 개에 달하는 포로수용소가 있었다. 포로수용소 안의 생활은 비참하기 이를 데 없었다. 많은 포로들이 힘든 노동과 굶주림에 시달리며 죽어 갔다. 에디트는 포로수용소를 순회하며 위문 공연을 했다. 에디트의 노래는 독일의 밤하늘에 울려 퍼졌다. 반응은 폭발적이었다. 프랑스 포로들은 독일 땅에 울려 퍼지는 에디트의 노래를 들으며 향수에 젖었다.

"데데, 이번에 갈 때는 사치품을 한가득 가지고 가자!"

눈치 빠른 비서는 에디트가 말한 사치품이 무엇인지 알 수 있었다. 바로 독일 관리 손아귀에 들어갈 뇌물. 에디트는 위문 공연을 갈 때 독일 관리에게 뇌물을 주었다. 그런 다음에야 노역을 하는 프랑스 포로들에게 안전하게 식품과 의약품을 전달할 수 있었다.

뮌헨의 수용소에서도 에디트는 독일 관리들에게 뇌물을 주었다. 그 대가로 에디트는 프랑스인 포로들과 기념사진을 찍을 수 있었다. 나중에 비서 앙드레 비가르는 이 사진으로 위조 여권을 만들어서 포로들을 구출했다. 에디트의 비서는 레지스탕스 일을 돕고 있었다.

한 번은 수용소가 폭격을 당해 프랑스인 포로들이 한꺼번에 목숨을 잃은 적이 있었다.

"이 사람들을 위해 당장 노래를 부를 거야!"

에디트는 ABC 무대와 보비노 극장에서 받은 수익금을 포로 가족들에게 기부했다.

해방이 된 후 에디트는 독일군 앞에서 노래를 불렀다는 이유로 친독 예술가 명단에 오를 뻔 했다. 하지만 자국민에게 구호품을 전달한 사실이 드러나면서 무사할 수 있었다.

"나는 레지스탕스가 아니에요. 하지만 돕고 싶은 사람이면 그 누구라도 도울 거예요. 그 사람이 레지스탕스라고 하더라도 말이에요."

에디트 피아프는 섬세하고 정열적인 영혼을 가진 예술가였다. 그리고 자기 기준으로 세상을 보는 아이와도 같았다. 부와 명예, 권력과는 거리가 멀었다. 에디트가 독일군의 눈치를 보지 않은 것은 순진무구했기 때문이다.

전쟁 기간에도 파리는 예술의 도시로서 그 명맥을 이어 나갔다. 몽파르나스 근처에는 카바레, 뮤직홀, 극장 들이 많이 있었다. 1차 세계대전 중에 이 근처를 중심으로 모딜리아니, 파스킨, 샤갈 등이 아틀리에를 차렸다. 2차 세계대전 중에는 프랑스 청년 작가들이 전쟁과 전체주의에 반대하며 진보적인 작품 성향을 보여 주었다.

사르트르, 시몬느 드 보봐르, 카뮈 등은 몽파르나스 카페에서 시대 상황과 인간의 본질에 대해 토론을 벌였다. 파블로 피카소와 앙드레 말로는 레지스탕스로 활동하기도 했다.

어둠 속에서 타오르는 별

레이몽 아소에게서 음악의 기본을 배운 후 에디트는 노래를 직접 골랐다. 직관이 뛰어났기 때문에 자신에게 맞는 노래를 빨리 알아보았다. 하지만 좋은 노래를 놓치지 않기 위해 시간이 날 때마다 계속 샹송의 가사를 읽어 보곤 했다. 샹송에는 하나의 이야기가 멜로디에 담겨 있었다. 그래서 샹송 가수는 노래를 잘 전달하기 위해 몸짓에 신경을 많이 썼다.

에디트는 그 누구보다 성실한 가수였다. 노래를 고르고 나면 바로 멜로디와 가사를 외웠다. 에디트는 노래를 완벽하게 소화하기 위해서 밤낮을 가리지 않고 연습했다.

"마르그리트, 오늘 하루 종일 노래를 불렀어. 한번 들어 줘."

"에디트, 지금 새벽 3시야. 내일 들어도 늦지 않아."

작사가와 작곡가 앞에서도 에디트는 필요하다 싶으면 계속 노래에 수정을 가했다. 작곡가가 같은 곡을 하루에 수십 번도 넘게 연주할 때도 있었다. 작사가는 단어 하나까지 처음부터 다시 손봐야 했다.

"앙리, 나는 평범한 사람들을 위해서 노래를 불러. 무슨 말인지 알겠지? 고상한 표현보다는 솔직하게 써 줘. 보통 사람들이 듣고 공감할 수 있도록."

에디트는 무엇보다 대중과의 공감을 중요하게 생각했다. 거리에서 노래를 부르며 자연스럽게 배운 음악관이었다. 완벽에 가까울 정도로 소화한 노래라고 하더라도 관객의 반응이 좋지 않으면 다음 무대에서 부르지 않았다.

상송에서 중요한 것은 바로 가수의 메시지 전달력이었다. 관객의 호응을 얻기 위해 화려한 몸짓을 보여 주는 가수도 있었다. 에디트는 관객을 보며 자연스러운 몸짓을 보여 주었다.

훗날, 2차 세계대전 중에 파리에 있던 많은 사람들은 에디트 피아프의 노래를 추억했다. 당시 에디트 피아프의 노래는 어둠 속에서 피어난 흑장미처럼 아름다웠다. 에디트는 암흑의 시기를 노래에 대한 열정으로 견뎌 냈다. 전쟁 기간 중에 자신의 재능을 꾸준히 갈고 닦으며 시대의 어둠 속에서 노래의 꽃을 피웠다.

1943년 연합군이 이탈리아에 상륙해서 항복을 받아 낸 후 독일이 패할지도 모른다는 소문이 퍼졌다. 마침내 1944년 2월 연합군이 독일을 공습하자, 파리에는 봄의 기운이 찾아왔다. 하지만 전쟁의 후유증은 컸다. 수많은 사람들이 전쟁터에서 목숨을 잃었고, 고아가 생겼고, 거리에는 부랑자가 늘어났다.

에디트는 이 무렵 볼로뉴 아파트로 이사했다. 그리고 한동안 검소한 생활을 하며 혼자만의 시간을 가졌다. 에디트는 언제나 고독과 불행 같은 인생의 어둠을 두려워했지만 스스로 어둠 속에 있을 때도 있었다. 이럴 때 에디트는 영혼의 동반자, 장 콕토와 마음속 이야기를 주고받았다.

"나는 어둠이 싫어. 그런데 눈을 뜨면 어둠 속이야. 애인도 친구도 노래도 없는 밤은 끔찍해. 빨리 나를 비춰 주는 별이 나타났으면 좋겠어."

"에디트, 무대 위에서 너의 검은색 원피스는 빛이 나. 나중에 에디트는 어둠이라는 고독 속에서 스스로 타오르는 별이 될 거야."

어둠 속에서 자기를 불태우는 별.

섬세한 시인, 장 콕토는 에디트의 기질을 한눈에 알아보았다. 에디트는 어둠을 끔찍하게 싫어했다. 어릴 적 실명 위기에서 보았던 막막한 어둠. 애인들이 떠나간 후 남겨진 어둠. 하지만 무대에 선 가수 에디트 피아프는 어둠 속에서 타오르는 별처럼 보였다. 그 빛은 스스로를 불태우며 다른 사람까지 밝혀 주었다.

얼마 후 에디트는 친구 마르셀 블리스텐을 블로뉴의 집으로 오게 했다.

마르셀 블리스텐은 유대인이었기 때문에 파리가 독일에 점령당했을 때 은둔 생활을 하고 있었다. 그때 에디트는 생필품을 주며 마르셀 블리스텐을 도와주었다. 마르셀 블리스텐은 시나리오 작가였지만 전쟁이 일어나자 절망이라는 어둠 속에 있었다.

"빨리 어둠 속에서 나와. 자기 자신을 위해 멋진 일을 해 봐."

"됐어. 이제 나를 위해 아무것도 할 수 없어. 하루하루 숨만 쉬고 있을 뿐이야."

"그러면 나를 위해 일을 해 보는 건 어때? 아, 그래. 나를 위한 영화를 만들어 줘!"

에디트의 말에 영감을 받아서 곧 마르셀 블리스텐은 시나리오 작업에 착수했다. 그렇게 해서 나온 시나리오가 〈어두운 별〉이었다.

파리가 해방이 되자, 마르셀 블리스텐은 시나리오를 들고 영화 제작자를 찾아 나섰다. 영화의 여주인공은 에디트 피아프였다.

"여주인공이 에디트 피아프라고?"

"네, 에디트는 아시다시피 장 콕토의 연극에서도 열연을 했고, 영화에도 출연한 바 있습니다."

"영화는 카바레의 무대가 아니야. 게다가 제목이 '어두운 별'이라니. 지금 전쟁에 지친 파리 시민들은 눈부신 빛을 원한다네. 이런 시나리오에는 화려한 여배우가 등장해야 하는 게 바로 영화의 법칙이지. 여배우를 교체한다면 제작을 고려해 보겠네."

"아니요, 에디트가 해야 합니다."

마르셀 블리스텐은 강경하게 말했다. 그는 에디트의 순진무구하고 열정적인 영혼이야말로 눈부신 빛이라고 생각했다.

결국 마르셀 블리스텐은 에디트가 노래를 부르는 뮤직홀에 제작자를 데리고 갔다. 혹시 무대에 선 에디트의 모습을 보고 제작자가 마음을 돌릴지도 모른다고 생각했기 때문이다. 에디트는 제작자와 마르셀 블리스텐이 보는 가운데 노래를 불렀다.

"자네가 왜 에디트를 입에 달고 살았는지 이제 알겠군."

에디트의 노래는 대중의 감성을 자극했다. 영화 제작자 역시 대중의 한 사람이었던 것이다. 〈어두운 별〉은 에디트에게 특별한 영화였다. 에디트는 그 영화에서 한 신인 가수가 배우로 데뷔하는 데 큰 도움을 주었다. 영화 〈어두운 별〉에는 에디트가 그 신인 가수의 어깨에 기대어 행복한 것처럼 웃고 있는 장면이 있다. 에디트는 자신의 빛으로 기꺼이 그 신인 가수를 비추어 주려고 했던 것이다.

그 남자는 에디트가 고독 속에서 만난 새로운 사랑이었다.

장밋빛 인생

창조자로서의 에디트

에디트 피아프는 절망을 환희로 끌어올릴 줄 아는 가수다.

– 이브 몽탕

이브 몽탕의 본명은 이브 리비다. 그의 아버지는 이탈리아 독재 정치를 피해 미국으로 망명을 시도했다. 하지만 경비가 부족해서 마르세유에 정착해 살고 있었다. 이브 몽탕은 열여덟 살에 부두 노동자로 일했다. 그러면서 마르세유의 작은 카바레에서 샤를 트레니, 모리스 슈발리에 등의 노래를 불렀다. 이브 몽탕의 꿈은 인기 가수였다. 현실에 안주하지 않는 이런 성향은 아버지에게서 보고 배운 것이었다. 이브 몽탕의 아버지는 모두가 평등한 이상적인 사회가 올 것이라고 믿었다.

에디트를 만났을 때 이브 몽탕은 이제 막 파리에 올라온 신인 가수였다. 신인 가수 이브 몽탕도 에디트 피아프의 명성을 알고 있었다. 에디트는 서민들의 이목을 끌만한 요소를 많이 가지고 있었다. 노동자 이브 몽탕에게 에디트의 삶은 한 편의 눈부신 드라마였다.

1944년은 에디트 피아프와 이브 몽탕에게 중요한 해였다.

어느 날 이브 몽탕이 무대에서 웨스턴풍의 노래를 마치고 내려왔을 때였다. 관객들의 박수 소리를 들으며 이브 몽탕은 미소를 짓고 있었다. 이브 몽탕이 지나가는 길에 에디트 피아프가 서 있었다.

"당신의 노래는 내 귀에 잘 들어오지 않았어요."

신인 가수 이브 몽탕은 긴장했다.

"제 목소리가 작았나요?"

"목소리는 컸어요. 하지만 나는 노래를 귀로 듣지 않아요. 당신의 노래는 내 귓속에 들어왔지만 가슴에 닿지 않았어요. 그게 다예요."

이브 몽탕은 자존심이 강한 이탈리아 남자였다. 그래서 바로 인상을 찡그렸다. 에디트는 그런 그에게 호감을 느꼈다. 이브 몽탕은 레이몽 아소를 만나기 전의 자기 자신처럼 보였다.

"관객과 에디트 씨의 취향이 다른 것 같군요. 관객들은 내 노래를 굉장히 좋아해요."

"그래요. 저 끝에 앉은 관객도 당신의 모습에서 눈을 뗄 수 없었겠죠. 당신은 아주 잘생긴 가수니까. 파리에서 그런 가수를 볼 기회는 흔치 않죠."

에디트는 아이처럼 웃으며 말했다. 이브 몽탕의 표정은 금세 환해졌다.

"오늘 당신과 같은 무대에 선다고 생각하니, 기분이 좋아지는군요. 혹시 스타가 되고 싶나요? 그럼 한 시간 후에 내 아파트로 찾아와요."

에디트는 이브 몽탕의 재능과 매력을 알아보았다. 이브 몽탕은 에너지가 넘치는 야생마였다. 어떻게 다듬느냐에 따라서 프랑스를 대표하는 스타가 될 수도 있었다. 에디트가 본 이브 몽탕의 재능은 음악에만 국한된 것이 아니었다. 에디트는 이브 몽탕을 보고 배우로서의 가능성을 알아봤던 것이다.

1944년은 에디트의 인생에서 중요한 두 사람을 만난 해였다.

이브 몽탕과 매니저 루이 바리에. 에디트의 노래에 대한 열정은 남달랐다. 반면 경제나 생활적인 면을 소홀히 했다. 에디트가 가수 생활에만 전념하기 위해서는 유능한 매니저가 절실히 필요했다. 루이 바리에는 어느 날 자전거를 타고 에디트를 찾아왔다. 그 후로 그는 끝까지 에디트의 매니저로 곁에 남아 성실하게 일했다. 매니저가 된 지 얼마 안 돼서, 루이 바리에는 대형 뮤직홀 물랭루주 공연을 계약하는 능력을 보여 주었다.

2차 세계대전을 거치며 에디트는 가수로서 전성기를 누리고 있었다. 이제는 예비 스타를 키우고 싶었다. 그 선택된 예비 스타가 바로 에디트보다 여섯 살이나 어린 이브 몽탕이었다.

이브 몽탕은 곧 에디트를 찾아왔다.

에디트는 이브 몽탕에게 많은 것을 가르쳐 주려고 했다. 하지만 수업이 순조롭지만은 않았다. 자존심이 강한 이브 몽탕은 에디트의 충고를 받아들이기 힘들었다.

"도대체 그 카우보이 복장은 왜 하고 다니는 거지? 안 어울려! 미국 서부 스타일을 좋아하는 건 철없는 꼬마들뿐이야."

이브 몽탕은 어린 시절 미국 서부 영화를 보고 깊은 인상을 받았다. 그래서 카우보이 복장을 하고 무대에 설 때가 많았다. 이브 몽탕에게 미국은 꿈을 상징했다.

"카우보이 스타일은 내 무대 의상이야. 에디트 씨가 무대에서 검은 옷을 입는 것과 마찬가지지!"

"달라. 내 옷은 바로 나를 보여 주지. 하지만 그 우스꽝스런 복장은 이브와 안 어울려. 이브를 망가뜨린다고!"

에디트의 지적은 정확했다. 이브 몽탕은 매력 있는 남자였다. 하지만 그는 자기의 개성을 다듬어야 하는지 잘 모르고 있었다. 막 파리에 입성한 신인 가수가 겪는 성장통이었다.

"이브, 당신은 부드러운 노래를 부르면 어울릴 것 같아. 제발 몸을 흔들어 대는 노래는 다른 가수들이 부르게 내버려 둬."

"그만! 잔소리는 듣기 싫어요."

이브 몽탕은 에디트의 지도를 받다가 화가 나면 밖으로 나가 버렸다. 하지만 밤이 되면 다시 돌아와서는 노래 연습을 했다. 이브 몽탕은 에디트를 만난 후 눈부시게 성장하고 있었다. 더 이상 마르세유 카바레에서 상경한 카우보이 가수가 아니었다. 에디트는 이브 몽탕을 머리끝에서 발끝까지 최고로 꾸며 주었다. 최고급 의상실에서 옷을 맞추고, 명품 시계를 샀다. 이브 몽탕을 널리 알리기 위해 앙리 콩테에게 곡을 부탁하기도 했다.

이처럼 이브 몽탕은 파리 해방 전후 에디트의 새로운 애인이자 예술 작품이었다. 에디트는 창조자로서의 기질을 발휘하며 신인 가수 이브 몽탕이 스타가 되는 데 큰 도움을 주었다.

1944년 7월, 두 사람은 뮤직홀 물랭루주의 무대에서 노래를 불

렀다.

"에디트 옆에 있는 저 남자가 바로 이브 몽탕이죠?"

"정말 잘 어울리는 커플이에요."

당시 두 사람은 여섯 살의 나이 차를 극복한 연인이라는 점에서도 주목을 받았다.

그 후 에디트는 이브 몽탕이 영화 〈어두운 별〉에 출연할 수 있도록 도와주었다. 〈어두운 별〉은 이브 몽탕의 영화 데뷔작이었다. 이를 계기로 이브 몽탕은 마르셀 카르네 감독의 영화 〈밤의 문〉에 출연할 수 있었다. 이 영화에서 부른 노래 〈고엽〉이 히트하며, 이브 몽탕은 배우와 가수로서 성공 가도를 달렸다.

에디트와 이브 몽탕에게는 어린 시절의 가난과 재능이라는 공통점이 있었다. 하지만 이브 몽탕과 에디트 피아프는 기질이 달랐다. 에디트가 사랑을 삶의 버팀목으로 삼았다면 이브 몽탕은 신념을 무기 삼아 전진하는 쾌활한 남자였다. 이브 몽탕이 성공한 후 연인은 각자의 길을 갔다.

에디트는 사랑에 빠졌을 때 상대방에게 최선을 다했다. 하지만 헤어진 후에는 미련을 드러내지 않았다. 〈장밋빛 인생〉은 이브 몽탕과 에디트 피아프가 한때 연인이었음을 잘 보여 주는 노래다. 에디트가 이브 몽탕과 사랑에 빠졌을 때 만든 노래였다. 에디트 작사, 루이기 작곡으로 나와 있지만 글랜버그의 말에 의하면 〈장밋빛 인생〉은 에디트의 자작곡이라고 한다.

　　당신이 나를 품에 안고 속삭일 때
　　나의 인생은 장밋빛
　　당신에 내게 사랑의 말을 할 때
　　언제나 같은 말이라도
　　나는 감동을 느끼지

　이처럼 에디트의 노래는 삶에 기반을 두고 있었다. 에디트 피아
프는 삶과 노래가 거의 일치하는 예술가였다.

참새의 비상

새로운 무대를 향해

우리 시대에 잊을 수 없는 가수는 에디트 피아프이다. 에디트 피아프는 전설로 남았다.

– 글랜버그

1946년 에투알 극장의 무대에 에디트는 새로운 파트너와 서 있었다. 파트너는 한 명이 아니라 아홉 명이나 됐다. 에디트는 그들 사이에 서 있었는데, 그 모습이 마치 여자 아이처럼 보였다.

"에디트가 새로워 보여요."

"잘 어울리지 않나요? 노래하는 참새가 동료를 만난 것 같군요."

아홉 명의 남자와 체구가 작은 여자 가수. 관객들의 눈에 그들은 가족 혹은 새로운 파트너처럼 보였다.

2차 세계대전 중에 서민들의 애환과 사랑을 노래한 에디트는 고아 소녀처럼 보였다. 해방 후에 사람들은 에디트가 부르는 달콤한 사랑 노래에 흠뻑 빠져 있었다. 에디트의 가사에 등장하는 연인은 가난한 사람들이었다. 가난한 사람들의 달콤한 사랑은 서민들의 꿈과 희망이었다. 이브 몽탕과 함께 노래 부르는 에디트는 사랑의 여신처럼 보였다. 두 사람의 공연을 보기 위해 많은 커플 관객들이 찾아왔다. 그런데 이제 에디트는 잘생긴 이브 몽탕 대신 아홉 명의 건장한 남자를 무대에 세운 것이다.

아홉 명의 남자는 '샹송의 벗'이라는 합창단이었다. 샹송의 벗의 리더는 장 루이 조베르라는 남자였다. 에디트는 샹송의 벗의 리더와 가장 각별하게 지냈다. 샹송의 벗은 에디트의 노래에 코러스를 넣었다.

공연은 성공했다.

노래가 끝났을 때 객석에서 박수가 터졌다.

에디트는 다음 공연에서도 샹송의 벗과 함께 무대에 올랐다. 샹송의 벗과 노래할 때 에디트의 격정적인 목소리는 다른 빛을 내뿜었다. 에디트의 목소리는 샹송의 벗과 조화를 이루고 있었다.

이브 몽탕과 결별한 후 에디트의 예술은 또 다른 세계로 뻗어 나갔다. 마치 다른 곳으로 비상을 시작한 한 마리 새처럼.

장 콕토는 에디트의 변신에 갈채를 보냈다.

"에디트, 당신의 공연을 봤어! 놀랍더군. 역시 내가 반한 예술가다워."

"내 파트너들이 대단하지. 그들의 목소리는 내가 어떻게 바꿀 수 있는 게 아니야. 우리가 같은 무대에 서기 위해선 조화를 이루는 수밖에 없어."

"에디트, 바로 그거야! 예술가에게 자기만의 세계는 분명 필요해. 하지만 예술가는 끊임없이 변화해야 해. 자기만의 세계는 고정불변 하는 것이 아니라 확장되고 발전하는 거야."

그 무렵, 에디트는 더 높은 곳을 날고 싶어 안달이 난 새와 같았다. 에디트에게 이런 희망을 심어 준 것은 바로 마르세유 공연이었다. 에디트는 그곳에서 미군을 상대로 열광적인 지지를 얻어 냈던 것이다.

에디트는 볼로뉴의 집을 꾸미고, 다시 친구들을 불러들였다. 마르그리트 모노, 미셸 에메, 글랜버그 등은 에디트에게 절친한 음악의 동료였다. 볼로뉴 집에는 음악의 동료 외에 여러 부류의 사람들이 드나들었다. 에디트는 손님이든 친구든 간에 집에 찾아오는 사람들에게 근사한 식사를 대접했다. 그렇게 에디트가 벌어들인 돈은 쉽게 다른 사람들의 뱃속으로 들어가곤 했다.

"데데, 요리사에게 새로운 메뉴를 만들라고 해! 내 친구들이 매일 같은 음식을 먹고 있잖아."

"이번 달은 손님들을 위해서 더 이상 쓸 돈이 없어요."

비서 비가르는 에디트의 인심이 너무 후하다 싶을 때는 제동을 걸었다. 에디트는 경재 사정에 대해서는 이렇다 할 신경을 쓰지 않았다. 노래에 정열을 쏟기에도 바빴다.

"여러분에게 최고급 달팽이 요리를 대접하라고 말했다가 비서의 잔소리를 듣느라고 늦었답니다. 저를 위해 잔을 높이 들어주실 분!"

"제 전속 피아니스트 글랜버그 씨가 잔을 가장 먼저 들었군요. 당신, 내년에도 나와 함께 일할 수 있을 거예요."

에디트의 말 한마디에 손님들은 웃곤 했다. 어느 때의 에디트는 익살스러운 아이 같았다. 곡예사 아버지에게서 은연중에 보고 배운 것인지도 모른다.

"여러분, 저는 제 노래가 프랑스 밖에서 울려 퍼지기를 기도했어요. 그리스, 벨기에, 노르웨이, 스웨덴 공연을 기억하세요? 이번에 갈 곳은 바로 미국이에요. 여러분에게 제 친구 클리퍼드 피셔

씨를 소개합니다. 제 미국 공연을 기획해 주셨죠."

손님들 중에서 한 남자가 일어나 정중하게 인사를 했다. 에디트의 절친한 음악 동료들과 손님들은 박수를 쳤다.

"자, 우리의 도전과 멋진 미래를 위하여."

미국 공연은 에디트에게 새로운 도전이었다.

1947년 10월 10일. 에디트는 어둠 속에서 넘실대는 바다를 바라보고 있었다. 밤바다는 깊고 광활했다. 에디트는 그런 깊은 밤마다를 오래 바라보았다. 마치 어둠 속에서 희망이란 물고기를 낚으려는 것처럼. 선실 안에서는 에디트의 일행들이 술자리를 갖고 있었다.

"에디트, 사람들이 주인공을 찾고 있어."

어느새 매니저 루이 바리에가 다가왔다.

"룰루, 나는 어릴 때 어둠이 무서웠어. 어둠속에 내가 혼자 있다고 생각하면 견딜 수 없었지. 이제 저 어둠을 향해 노래를 부를 거야."

에디트는 루이 비가르를 '룰루'라고 불렀다. 루이 바리에는 에디트에게 매니저 이상의 존재였다. 그는 에디트의 은행 잔고가 눈에 띄게 줄어들면 큰 공연을 성사시키기 위해 뛰어다녔다. 에디트가 심한 변덕을 부려도 묵묵히 참을 줄도 알았다. 루이 바리에는

마치 에디트의 매니저를 하기 위해 그 직업을 택한 사람처럼 보였
다.

"클리퍼드 피셔는 유능한 공연 기획자야. 그의 안목을 믿어 보
자고."

이제 에디트 피아프는 2차 세계대전 후 최고 인기 가수가 되어
있었다. 하지만 미국 관객들과 프랑스 관객들의 취향이 다를 수도
있었다.

"룰루! 왜 공연 기획자의 안목을 신경 써야 하지? 나는 내 노래
를 믿고 미국으로 가는 거야. 내 프랑스어 노래를 듣고 미국인들은
뭔가를 느끼겠지. 물론, 그것이 정확히 무엇인지는 나도 몰라. 하
지만 음악은 언어를 초월한다고 믿어. 진정한 예술가라면 자기의
세계를 확장하고 발전시켜 나가야 하는 거야. 나는 그러기 위해 지
금 이 배에 타고 있어. 룰루, 미국 관객들이 우리를 부르는 소리가
들리는 것 같지 않아?"

에디트의 가슴은 열정과 설렘으로 부풀어 올랐다. 에디트는 미
국으로 가는 퀸 메리 호에 타고 있었던 것이다.

사랑의 찬가

마르셀 세르당을 만나다

에디트와 일행은 뉴욕에 도착했다. 뉴욕의 밤거리는 화려했다. 사람들은 파티에 온 것처럼 거리를 돌아다녔다.

브로드웨이의 플레이하우스 극장. 바로 에디트와 상송의 벗들과 함께 노래를 부를 무대였다. 공연이 있기 전 어느 날 밤, 에디트는 긴장을 풀기 위해 일행들과 함께 프랑스 레스토랑에서 식사를 하고 있었다. 그때 체격이 큰 남자가 레스토랑 안으로 들어왔다. 바로 미국에서 시합 중인 권투 선수 마르셀 세르당이었다. 마르셀 세르당과 매니저는 자연스럽게 에디트 일행과 합석을 했다.

"미국에서 우리가 우연히 만났다는 게 참 신기하네요."

마르셀은 모로코의 폭격기라는 별명에 어울리지 않게 수줍어하고 있었다. 마르셀 세르당은 2차 세계대전이 끝나고 1948년 세계 미들급 챔피언 타이틀을 거머쥔 권투 선수였다.

"아마 신이 당신을 이쪽으로 보냈는지도 모르죠. 사실, 나는 지금 굉장히 떨고 있거든요."

에디트는 작은 목소리로 말했다.

"저런, 혹시 감기 몸살에 걸렸나요?"

"그러면 신은 나한테 권투 선수가 아니라 의사를 보냈겠죠. 나는 뉴욕에 공연을 하러 왔어요. 그래서 너무 떨려요. 떨리는 가슴을 진정시켜 줄 아주 듬직한 무엇이 필요했어요. 마르셀, 가까이 와 봐요. 내 심장이 떨리는 소리가 들리지 않나요? 사랑에 빠지기 바로 직전 심장이 뛰는 소리죠. 빠담, 빠담."

에디트와 마르셀은 첫 만남에서 서로에게 호감을 느끼고 있었다. 새로운 도전을 앞두고 만난 마르셀 세르당. 에디트는 그를 행운의 상징이라고 생각했다. 미국 땅에서 호감 가는 프랑스 남자를 만났다는 것. 미국 공연이 성공적으로 끝날 것을 암시하는 대목이라고 믿었다.

실패 그리고 도전

막상 10월 31일이 되자 분장실에 있던 에디트는 긴장하고 있었다. 무대 위에서는 샹송의 벗이 먼저 노래를 부르고 있었다. 플레이하우스 극장에 조화로운 그들의 목소리가 울려 퍼졌다. 미국 관객들은 샹송의 벗에게 박수갈채를 보냈다.

"에디트, 설마 떨고 있는 거야? 단지 나라만 다를 뿐이야. 프랑스의 무대에 서 있다고 생각하면 돼."

마르그리트 모노가 에디트를 격려했다.

"모노, 파파 루이 사건이 있은 후 ABC 무대에 서기 직전처럼 떨려. 그때 나는 사람들이 나한테 야유를 퍼부을까 봐, 두려웠어. 노래를 부를 수 없을 것 같아서 견딜 수 없었지."

"에디트, 빨리 준비 해. 곧 무대에 오를 차례야."

매니저 루이 바리에가 분장실로 들어왔다.

"오늘 밤, 당신은 뉴욕의 스타가 되어 있을 거야. 내 노래를 발견해 준 당신의 감을 나는 믿어."

에디트의 히트곡 〈아코디언 연주자〉를 만든 미셸 에메가 말했다. 에디트는 친구들의 격려를 받으며 마침내 무대에 올라갔다. 에디트에게 막이 오르기 직전은 언제나 떨리는 순간이었다.

마침내 막이 올라가고, 관객들이 보였다. 오케스트라가 연주를 시작하자, 에디트는 심호흡을 한 후 노래를 시작했다.

끝나지 않는 사랑의 밤들

그 자리를 대신하는 커다란 행복

걱정근심이 사라지고

너무 행복합니다

　미국 관객들은 에디트에게 성원을 보내 주지 않았다. 에디트가 부르는 〈장밋빛 인생〉은 관객들에게 감동을 주지 못한 것 같았다. 하지만 샹송의 벗과 함께 〈세 개의 종〉을 부를 때 관객들은 호응을 보였다. 관객들이 열광하는 것은 샹송의 벗이었지, 에디트가 아니었다.

　결국 검은 원피스를 입은 키 작은 프랑스 가수는 미국 관객들의 마음을 사로잡지 못했다. 에디트는 친구들과 호텔에서 다음 일정을 준비해야 했다. 공연이 실패로 돌아간 이상, 다음 일정은 프랑스로 돌아가는 것뿐이었다. 가십을 좋아하는 프랑스 신문들은 에디트의 미국 공연 실패를 기사로 내보내기 시작했다.

　"에디트, 여기서 기죽을 필요는 없어. 좀 더 내가 알아봤어야 하는 건데……."

　매니저의 말도 에디트에게 위로가 되지 않았다.

　"아니, 룰루. 아주 현명한 선택이었어. 이제 두 번 다시 미국에 오지 않을 거야! 그들이 좋아하는 건 풍선만한 가슴에 엉덩이가 빵빵한 미녀들이지. 아니면 천상의 목소리를 내는 샹송의 벗들이거나!"

미국 언론은 에디트를 불행한 소녀로 묘사했다. 검은 옷을 입은 에디트는 결핍에 시달리는 소녀처럼 보였던 것이다. 에디트가 노래하는 서민의 애환과 사랑은 가련하게 들릴 뿐이었다. 미국 관객들은 화려한 스타를 원했다. 미국 공연 실패로 에디트는 충격을 받았다.

에디트는 뉴욕에서 장 콕토에게 공연 실패를 알렸다.

"장, 내 공연이 실패한 걸 알고 있지? 뉴욕 사람들은 나를 원하지 않아."

"뉴욕 사람들이 모두 에디트를 싫어한다니? 그런 표현은 예술가에게 안 좋아. 끔찍한 전체주의 발상이라고. 조금 기다려 봐. 어디선가 변수가 나올 거야."

장 콕토는 전화로 에디트를 위로해 주었다.

그리고 마침내 장 콕토가 말한 '변수'가 나타났다. 에디트의 공연을 호평한 유일한 신문이 등장한 것이다. 〈뉴욕 타임스〉 1면에 비평가 레이첼 탐슨이 에디트의 공연을 호평하면서 뉴욕 관객들을 강도 높게 비판했다. 그는 뉴욕 관객들이 수준 이하의 관람을 했다고 평했다.

"그 누구도 그녀를 야유할 권리가 없다."

레이첼 탐슨의 평은 에디트와 일행의 사기를 올려 주었다. 공연 기획자 클리퍼드 피셔와 매니저 루이는 다음 무대 일정을 잡기 위해 뛰어다녔다. 마침내 그들은 샹송을 좋아하는 카바레 주인을 만날 수 있었다. 브로드웨이에 있는 카바레 베르사유가 바로 그곳이었다.

"혹시 뉴욕에서 개봉한 영화 〈어두운 별〉을 보셨나요? 피아프 양은 그 영화에서 명연기를 펼쳤지요. 여기, 뉴욕 타임스에 레이첼 탐슨이 쓴 평을 봐요. 들리는 말로는 그가 안목이 좋은 비평가라고 하더군요."

에디트를 위해 헌신하는 매니저 루이가 말했다.

"문제는 다른 데 있습니다. 레이첼 탐슨이 매일 에디트 피아프의 노래를 들으러 오는 건 아니죠. 에디트 양의 노래를 들으러 오는 사람들은 관객들입니다. 대중 가수는 관객의 마음을 사로잡아야 합니다. 그런데 지금 에디트 양은 공연에 실패한 가수지요. 그런 가수에게 무대를 주는 것은 도박입니다. 여기는 프랑스가 아니라 뉴욕이니까요."

여기는 프랑스가 아니라 뉴욕이다.

나중에 에디트는 그 말을 전해 듣고 곰곰 생각에 잠겼다. 그러다 좋은 아이디어가 떠오른 것처럼 루이 바리에를 찾았다.

"룰루, 여기는 프랑스가 아니라 뉴욕이다. 이 말의 뜻을 잘 생각해 봐. 분명 나한테 뭔가를 요구하는 거야. 나는 카바레 주인을 많이 상대해 봐서 알아. 그들은 음악을 사랑하지만 결국 장사꾼이야. 내일 다시 그 카바레에 가 봐. 분명 어떤 조건을 말할 거야."

카바레 베르사유의 주인은 에디트가 뉴욕 관객을 사로잡을 수 있다고 판단했다. 하지만 그렇게 되기 위해서는 에디트의 노력이 필요했다. 주인의 요구는 간단했다.

뉴욕 관객과 친해져라.

우선 에디트는 이미지를 확 바꾸어야 했다. 관객에게 당당하면서도 부드러운 인상을 심어 주어야 했다. 영어 회화도 할 줄 알아야 했다. 에디트는 이대로 프랑스로 돌아갈 수 없었다. 그래서 베르사유 주인의 의견을 어느 정도 받아들이기로 결정했다.

친애하는 벗, 장 콕토

조만간 뉴욕에 아파트를 구해야겠어.

호텔에 있으면 마음이 불안정하거든.

미국 공연에 성공하기 위해 노력할 거야.

아마, 이 편지가 도착할 때쯤

나는 새로운 에디트가 되기 위해 연습하고 있겠지?

― 노래하는 참새, 피아프가

1948년 1월 15일, 에디트는 베르사유 무대에 서 있었다. 샹송의 벗들과 음악적으로 결별한 후였다.

"에디트가 과연 뉴욕에서 스타가 될 수 있을까요?"

"이제 곧 그 결과가 나올 테니, 두고 보자고요."

관객들은 무대에 서 있는 에디트를 보며 작은 목소리로 말했다. 에디트는 당당하면서도 부드러운 표정으로 관객들을 바라보았다. 그리고 노래를 부르기 위해 단 위에 올라갔다. 관객들은 이제 에디트의 모습에서 가난이나 불행 같은 단어를 떠올리지 않았다. 잠시 후 에디트의 목소리가 베르사유에 울려 퍼졌다.

그 자리에는 유명 연예인들이 에디트의 공연을 보고 있었다. 그레타 가르보, 존 가필드, 마를레네 디트리히 등이 프랑스의 여가수 에디트 피아프를 주목하고 있었다. 그들은 예민하고 섬세한 감성의 소유자였다. 특히 마를레네 디트리히는 에디트의 노래를 유심히 듣고 있었다. 시인 장 콕토가 ABC 무대에서 처음 에디트 피아프를 볼 때처럼.

공연은 대성공이었다. 에디트가 노래를 끝냈을 때 관객들은 기립 박수를 보냈다. 에디트는 그들을 향해 몇 번이나 공손하게 인사를 했다. 만일 에디트가 좌절해서 프랑스로 돌아갔더라면 미국에서 성공하지 못했을 것이다.

"룰루, 들었지?"

에디트는 분장실로 와서 매니저를 껴안았다.

"에디트! 이제 미국 순회공연을 하는 거야."

"해낼 줄 알았어, 해낼 줄 알았다고!"

에디트 일행은 축제 분위기에 휩싸여 있었다. 프랑스의 노래하는 참새가 뉴욕 상공에서 화려한 비상을 시작한 것이다. 에디트는 동료들의 축하를 받으며 웃고 있었다. 그러면서 에디트는 이 기쁜 소식을 누군가에게 알려주고 싶었다. 평범한 사람들이라면 가족에게 전화를 해서 기쁨을 나누었을 상황이었다. 물론 미셸 에메, 마르그리트 모노, 루이 바리에 등은 에디트의 성공을 축하해 주었다. 하지만 에디트에게는 달려가 안길 수 있는 따뜻한 품이 필요했다.

그때 분장실 안으로 마를레네 디트리히가 들어왔다. 마를레네 디트리히는 독일 출신의 여배우로 히틀러 정권을 피해 헐리우드에 진출해 있었다. 허스키한 목소리와 빼어난 각선미를 자랑하는 마를레네 디트리히. 이 여배우는 그레타 가르보와 함께 높은 인기를 누리고 있었다.

마를레네 디트리히는 엄마처럼 두 손을 벌려서 작은 에디트를 품에 안았다. 에디트는 유명 여배우의 포옹을 자연스럽게 받아들였다. 잠시 동안 에디트는 마를레네 디트리히와 함께 기쁨을 만끽했다.

"마를레네 디트리히예요. 에디트, 오늘 최고의 무대였어요."

매력적인 목소리였다.

"에디트 피아프예요. 고마워요. 마를레네."

마를레네 디트리히는 에디트 피아프를 예술가로서 인정했다. 에
디트가 노래로 매혹적인 여배우의 심금을 울렸기에 가능한 일이었
다. 두 사람은 불우한 환경을 딛고 스타가 됐다는 공통점이 있었
다. 에디트는 거리에서, 마를레네는 독일의 빈민촌에서 유년 시절
을 보냈던 것이다.

이후 두 사람은 동시대 스타로서 좋은 우정을 유지했다. 마들레
네는 에디트를 위해 십자가 목걸이를 선물했는데, 에디트는 이 목
걸이를 행운의 상징으로 여겼다.

공연 성공 후 에디트에게 좋은 일이 일어났다. 마르셀 세르당과
좋은 만남을 이어 가고 있었던 것이다. 마르셀 세르당이 먼저 에디
트가 있는 호텔에 연락을 해서 이루어진 만남이었다.

마르셀이 만나자고 했을 때 에디트는 데이트 신청이라고 생각했
다. 그래서 화려하게 꾸미고 약속 장소에 나갔다. 그런데 마르셀은
에디트를 작은 가게로 데리고 갔다.

"뉴욕에 올 때마다 이 가게에 와서 스테이크를 먹어요. 제 단골
집이죠."

"마르셀, 당신은 주먹으로 상대방을 무너뜨리지만 여자의 마음
을 사로잡는 법은 모르는군요. 이런 가게에서 아무리 맛있는 음식

을 먹으면 뭐해요. 내 마음은 당신한테 넘어가지 않을 텐데."

에디트는 사랑하는 사람을 위해서라면 모든 것을 다 주어도 아깝지 않았다. 노래를 할 때와 사랑을 할 때, 에디트는 자신을 불태우는 여자였다. 마르셀 세르당이 택한 첫 데이트 장소가 마음에 들리 없었다. 단순한 남자 마르셀이 에디트의 눈치를 알아챘다. 그는 에디트를 뉴욕에서 가장 화려한 레스토랑으로 안내했다.

그제야 에디트는 눈앞에 있는 남자, 마르셀 세르당을 따뜻한 눈빛으로 바라보았다.

"마르셀, 당신이 시카고 경기에서 승리했다는 기사를 봤어요."

마르셀 세르당은 부끄러움을 타는 아이처럼 고개를 숙였다. 에디트는 권투 선수의 강한 주먹 안에 감춰진 섬세함을 본 것만 같았다.

"에디트, 당신의 공연은 환상적이라고 하던데."

두 사람은 어린 연인들처럼 서로의 한마디에 집중했다. 에디트의 마음은 순식간에 마르셀 세르당에게 빨려 들어갔다. 마르셀은 권투 선수답게 체격이 좋은 데다, 마음이 섬세하고 따뜻한 남자였다. 두 사람이 서로에 대한 마음을 확인하는 데는 오랜 시간이 걸리지 않았다. 에디트와 마르셀은 거의 한눈에 반한 거나 마찬가지였다.

"마르셀 세르당과 함께 있으면 나는 사랑을 찬양하게 돼, 사랑을 받기 위해 노력하지 않아도 된다는 게 어떤 느낌인지 알아? 고아가 엄마를 만난 기분이야. 마르셀에게는 최고급 옷을 사 주지 않아도 돼. 그는 진정한 사랑이야. 단 하나 뿐인 사랑이라고!"

에디트는 마르셀과 있었던 일을 친구이자 음악 동료인 마르그리트 모노에게 털어놓았다. 에디트의 가슴은 첫사랑을 시작한 소녀처럼 뛰고 있었다. 마르셀을 떠올리기만 해도 그랬다.

"성녀 테레즈님. 정말 감사합니다. 저에게 마르셀을 보내 주시다니요. 부탁드립니다. 부디 그이가 부상당하지 않게 지켜 주세요. 제 사랑을 지켜 주세요. 저는 마르셀을 링에서 잃고 싶지 않아요. 죽음이 우리를 갈라놓기 전까지 저는 마르셀과 함께 있겠어요."

에디트는 사랑에 빠져 있을 때 장밋빛 인생을 보았다. 하지만 사랑이 떠나갈 것을 생각하면 불안했다. 하지만 이제 에디트는 혼자 있는 밤이 무섭지 않았다.

마르셀 세르당.

에디트는 새로운 연인을 위해서 기도했다. 그러면 곧 새벽이 밝아 왔다.

단 하나뿐인 사랑을 위하여

마르셀.

나는 더 나은 사람이 될 거야.

이런 다짐을 하게 된 건 당신을 존경하기 때문이야.

당신의 영혼이 너무 아름다우니까.

당신이 행복하기를 바라고 있어.

언제나.

- 당신의 피아프

마르셀이 프랑스로 돌아가면 에디트는 편지를 썼다. 에디트는 마르셀과 함께 있는 순간이 행복했다. 사랑이 주는 행복감이 무엇인지 알게 된 에디트. 그래서 더욱 마르셀의 행복을 지켜주고 싶었다. 에디트를 만났을 때 마르셀에겐 이미 부인과 아이가 있었다. 에디트는 마르셀이 가족을 위하는 마음을 존중했다. 마르셀이 몰래 아이와 통화한다는 사실을 알면서도 뭐라고 하지 않았다.

에디트.

다른 사람들도 알고 있을까?

사랑하고 사랑받는 것이 이렇게 신비한 일인 줄 몰랐어.

모두 에디트, 당신 덕분이야.

당신이 나를 위해 기도한다고 그랬지?

나도 당신을 위해 기도해. 부디 당신을 아프게 하는 일이 없도록 해달라고.

- 당신의 마르셀

마르셀 세르당과 에디트 피아프는 공연과 시합 등으로 떨어져 지낼 때 편지를 주고받았다. 하나같이 상대방에 대한 애정이 가득 담긴 편지였다. 마르셀 세르당은 존재 자체로 에디트에게 힘이 되는 사랑이었다. 두 사람은 상대방을 극진히 생각했다.

"에디트, 보고 싶어서 전화했어. 뭐하고 있었어?"

"뜨개질을 하고 있었어. 당신이 없을 때 뭐라도 하고 있지 않으면 견딜 수 없어."

에디트는 때로 어머니와 같은 마음으로 마르셀을 염려했다. 그러다 마르셀이 찾아오면 딸처럼 그에게 안겼다. 사랑을 속삭일 때는 마르셀의 연인이었다.

애정을 갈구하는 에디트에게 마르셀 세르당은 완벽에 가까운 연인이었다.

마르셀 세르당은 혹독한 링 위에서 승부를 겨뤄야 하는 권투 선수였다. 그가 속한 승부의 세계는 냉정한 곳이었다. 챔피언이 되기 위해 끊임없이 도전해야 했고, 챔피언이 된 다음에는 도전을 받아야 했다. 마르셀은 혹독한 사각 링에 던져진 순수한 아이와도 같았다. 에디트 피아프는 링 위에서 내려온 마르셀을 따뜻하게 안아 주었다. 마르셀 또한 에디트에게서 어둠을 싫어하는 아이의 본능을 발견했다. 마르셀은 에디트 안에 있는 아이를 포근하게 안아 주었다.

뉴욕에 있을 때 에디트는 마르셀의 시합을 보러 갔다. 에디트는 링 바로 앞에서 안타까운 눈으로 경기를 관람했다. 마르셀이 상대방 펀치에 맞아서 휘청거릴 때 에디트는 두 손을 꼭 모으고 기도했다.

"마르셀, 너처럼 부드러운 남자가 왜 권투를 하는지 모르겠어. 나와 함께 노래를 부르는 건 어때? 나랑 듀엣을 하는 거야. 그래, '참새와 강주먹'이라고 부르자. 어때? 지금 당장 노래를 불러 봐. 내가 도와줄게. 마르셀을 프랑스 최고의 가수로 만들 수 있어."

"에디트. 웃겨 줘서 고마워. 우리가 떨어져 있을 때 뭐가 걱정되는 줄 알아? 혹시 에디트가 어둠 속에서 울고 있는 건 아닐까?"

에디트는 마르셀이 링 안에서 불운의 복서가 될까 봐 두려웠다. 하지만 마르셀은 그런 일은 절대로 일어나지 않는다는 듯이 웃었다. 이렇듯 연인은 아이처럼 해맑게 지내다가도 순수한 마음으로 서로를 걱정했다.

어느덧 1949년이 되었다. 6월 16일, 디트로이트 브리드 스타디움에 에디트가 있었다. 스타디움은 관중으로 가득 찼다. 그들은 곧 링 위에서 벌어질 한판 승부를 보러 온 사람들이었다. 바로 마르셀의 방어전이었다. 상대방은 라 모타라는 선수였다. 그는 마치 그날을 위해 태어난 것처럼 승부욕에 불타는 도전자였다.

"오, 테레즈 성녀님. 마르셀을 도와주세요. 마르셀이 승리하게 해 주세요."

에디트는 마르셀을 위해 기도했다. 그러나 그날 에디트의 기도는 이루어지지 않았다. 마르셀은 10회전을 치르지 못했다. 이로써 그는 미들급 챔피언 타이틀을 도전자에게 줄 수밖에 없었다. 마르셀 세르당은 패배한 것이다. 하지만 이 패배도 연인의 사랑을 멈추게 할 수 없었다.

"마르셀, 나는 당신이 챔피언이 아니어도 좋아. 저 푸른 하늘이 어느 날 우리 두 사람 머리 위로 무너져도 당신이 나를 사랑해 준다면 그것만으로도 나는 좋아."

"에디트, 네가 원한다면 나는 세상 끝까지 갈 거야. 사람들이 나를 비웃어도 괜찮아."

에디트는 지고 돌아온 마르셀을 더 따뜻하게 안아 주었다.

그러던 어느 날, 에디트는 마르셀이 자주 집을 비운다는 사실을 눈치 챘다. 에디트가 어디를 가느냐고 물어도 마르셀은 웃기만 했다. 이 사건으로 에디트의 마음에 그늘이 드리워졌다. 하지만 에디트는 친구들에게 이 사실을 말할 수 없었다. 친구들은 마르셀 세르당이 에디트의 완벽한 연인이라고 생각하고 있었던 것이다.

'그래, 어쩌면 마르셀의 마음이 변했는지도 몰라. 다른 여자가 있는 건 아닐까?'

에디트는 두려웠다. 마르셀 세르당이 다른 여자를 만난다는 것은 상상할 수도 없었다. 에디트는 세상에서 단 한 남자, 마르셀 세르당에게서 버림받고 싶지 않았다.

결국 에디트는 불신을 어쩌지 못하고 마르셀의 뒤를 따라갔다. 마르셀이 호텔로 들어갔을 때만 해도 에디트는 좌절감에 빠져 있었다. 그런데 잠시 후 마르셀과 함께 걸어오는 사람은 여자가 아닌 남자였다. 남자는 시합 중에 부상을 당한 불운의 복서였다. 마르셀 세르당은 사람들 모르게 그런 동료들을 돕고 있었던 것이다.

"에디트, 챔피언은 상처를 통해 얻은 영광이야. 하지만 한 명의 챔피언을 만들기 위해 쓰러진 복서들이 얼마나 많은지 몰라. 나는 나중에 그들을 위해 권투를 하고 싶어."

"그러면 나는 마르셀을 위해 공연을 하겠어! 우리의 미래를 위해서."

연인은 장밋빛 미래를 꿈꿨다.

그 장밋빛 미래는 당연히 이루어질 것처럼 보였다.

비행기를 타, 마르셀

에디트는 공연을 준비하기 위해 뉴욕으로 갔다. 이제 뉴욕에서 그 누구도 에디트를 프랑스에서 온 불쌍한 여자라고 생각하지 않았다. 에디트는 유명 인사가 되어 있었다. 마를레네 디트리히를 비롯해서 잘나가는 스타들이 에디트의 노래를 들으러 왔다. 이번 베르사유 공연도 성공이었다. 하지만 혼자 침대에 있을 때 에디트는 사랑하는 사람이 그리웠다. 그리고 그날은 특히 마르셀 세르당이 보고 싶었다.

마침내 에디트는 수화기를 들었다.

"보고 싶어, 마르셀."

에디트는 마르셀이 파리에 있다는 것을 알고 있었다. 다만 순수하고 본능적인 그리움으로 마르셀의 이름을 부르고 있을 뿐이었다.

"조금만 기다려. 배를 예약했으니까. 곧 갈 수 있어."

"비행기를 타, 마르셀!"

에디트는 떼를 쓰듯이 말했다.

"오늘 밤은 당신이 견딜 수 없을 정도로 보고 싶어. 무슨 말인지 알겠어? 당신의 얼굴을 봐야만 잠을 잘 수 있을 것 같아. 지금 나는 열병에 걸린 아이 같아, 마르셀."

마르셀은 혼자 어둠 속에 있을 에디트가 걱정됐다.

"그래 에디트, 비행기를 탈게."

"보고 싶어, 마르셀."

다음 날 저녁, 에디트는 공연을 성공적으로 마쳤다. 이제 곧 마르셀을 만날 수 있을 거라는 사실만으로도 에디트는 하루 종일 마음이 설레었다. 밤에는 잠을 편히 잘 수 있었다.

눈을 뜨면 마르셀 세르당이 옆에 있을 거라고 기대하며.

10월 28일 아침, 마르셀 세르당은 없었다. 하지만 곧 마르셀 세르당이 문을 열고 들어올 거라는 기대만으로도 에디트는 들떠 있었다.

"룰루, 왜 혼자 온 거야?"

공항에 마중 나간 매니저 루이 바리에가 돌아왔다.

"저…… 에디트. 마음을 강하게 먹어. 오늘 마르셀은 올 수 없어. 내일도 마찬가지야. 그가 탄 비행기가 추락했대. 이제 그는 이 세상에 없어."

루이 바리에는 에디트에게 신문을 내밀었다. 그 소식을 들은 에디트는 어떤 말도 할 수 없었다. 가혹한 운명의 장난이었다. 1949년 10월 27일, 마르셀 세르당은 비행기 추락 사고로 목숨을 잃었다. 에디트는 두 손으로 얼굴을 가린 채 울부짖었다. 그 무엇도, 누구도 에디트를 위로할 수 없었다.

에디트는 문을 잠가 놓은 채 방 안에 틀어박혀 있었다.

"에디트, 산 사람은 살아야지."

친구들이 노크를 해도 에디트는 대답하지 않았다. 하지만 이런 상황에서도 에디트는 일정대로 베르사유 무대에 올랐다. 사람들은 에디트의 연인 마르셀 세르당이 추락사했다는 것을 알고 있었다.

그들 중에는 에디트의 표정을 살피기 위해 온 사람도 있었다. 그 대표적인 사람들이 바로 신문 기자였다. 하지만 가수는 이 모든 것을 알고 있으면서도 모른 척 노래를 해야 했다. 가수는 오직 노래로 자신의 존재를 드러내야 하므로.

에디트는 마르셀 세르당을 위해서 노래를 만들었다. 에디트의 히트곡 〈사랑의 찬가〉는 바로 마르셀 세르당을 기리는 노래였다. 마르셀 세르당은 이제 세상에 없다. 에디트는 누구보다 이 현실을 잘 알고 있었다. 그리고 자신은 노래를 불러야 한다는 것도.

1950년 에디트는 마르셀 세르당을 위해서 〈사랑의 찬가〉를 불렀다.

> 어느 날 삶이 내게서 당신을 앗아 간다고 해도
>
> 당신이 죽어 먼 곳에 가 버린다 해도
>
> 당신이 날 사랑한다면 내겐 별일 아니에요
>
> 나도 당신과 함께 죽을 테니까요
>
> 끝없는 푸르름 속에서
>
> 아무 문제없는 하늘에서
>
> 우리는 영원히 함께하는 거예요

불행은 나의 친구

빛과 어둠 속에서

오직 마음으로만 에디트 피아프를 알 수 있을 것이다.

- 샤를 아즈나부르

'에디트, 지금 당신한테 가고 있어. 그러니 어둠 따위는 두려워 하지마.'

자다가도 에디트는 벌떡 일어났다. 에디트의 귀에는 마르셀 세르당의 목소리가 들렸다. 그래서 에디트는 두 팔을 휘저으며 어두운 집 안을 돌아다녔다.

"마르셀! 어디 있어?"

"에디트! 뭐 하는 거야."

거리의 자매, 모몬이 에디트를 붙잡았다. 어떤 때는 비서가, 마르그리트 모노가 에디트를 진정시켜야 했다. 마르셀이 죽은 후 이런 일이 반복되었다.

"마르셀이 방금 나를 불렀어. 모몬, 네 귀에는 안 들리니? 마르셀이 이리로 오고 있대."

다들 시간이 해결해 주는 것 외엔 다른 도리가 없다고 생각했다. 하지만 마르셀의 목소리가 들리지 않으면 에디트는 울부짖었다. 때로는 술에 의지해서 마르셀의 영혼과 대화를 시도하기도 했다. 에디트가 알코올 중독이 되어 가는 건 당연한 일이었는지도 모른다.

"왜? 어째서! 나한테 이런 형벌을 주시는 거죠!"

에디트는 신에게도 항의했다. 서서히 주변 사람들은 지쳐 가기 시작했다. 사람들이 이런저런 핑계로 하나 둘 떠나면 에디트는 어둠 속에서 무기력한 아이처럼 가만히 있어야 했다. 그러다 마르셀 세르당이 떠오르면 다시 울었다.

"에디트, 다시 일어나야지?"

절친한 친구의 말도 에디트에게 위로가 되지 않았다.

"그래, 일어난다는 건 좋은 거야. 하지만 어차피 또 무너질걸. 나는 태어나서 끊임없이 사랑을 찾고 있어. 그런데 신은 자꾸 내 사랑을 감추는 거야. 그리고 마침내 마르셀 세르당을 빼앗아 갔어! 나는 불행할 수밖에 없어. 불행은 내 형제니까!"

나는 불행이 싫어
불행도 나를 싫어하지
그런데 방금 불행이
우리가 결혼했다고 알려 줬어

마르셀 세르당 사고 후 에디트의 몸과 마음은 쇠약해져 갔다. 불면증에 시달리니 수면제를 복용할 수밖에 없었다. 약물에 의지해서 보내는 나날이 이어졌다. 무엇보다 사랑하는 사람을 잃은 상실감은 무대 밖의 에디트를 절망에 빠뜨렸다.

에디트가 영매술에 완전히 빠진 것도 이 무렵이었다.

거리의 자매, 모몬은 에디트를 유명한 영매술사의 집에 데리고 갔다.

"마르셀의 영혼이 왔나요?"

"방금 탁자 모서리가 두 번 흔들렸지요? 그의 영혼이 당신의 목소리를 들었다는 증거입니다."

"마르셀 내가 어떻게 해야 할까? 당신이 있는 곳으로 갈까? 빨리 대답해 줘."

영매술사들은 에디트에게 필요한 것이 무엇인지 알아챘다.

"마르셀은 여전히 당신을 사랑한대요. 하지만 당신이 오는 건 바라지 않는다는군요."

에디트는 영매술사의 말 한마디에 울고 웃었다. 주변에서 말릴수록 더 영매술에 빠져 들었다.

"에디트! 도대체 난 이해가 안 돼. 무대에서 번 돈을 도대체 그런 시궁창에다 버리는 이유가 뭐야?"

"마가렛, 시궁창이 아니야. 나는 정말 마르셀의 영혼을 느껴."

"차라리 그럴 바엔 신에게 기도를 하지 그래? 천국에서 마르셀이 행복하기를 바라는 게 더 애인답지 않니?"

에디트는 신에게도 부탁했다. 마르셀의 영혼이 천국에서 부디 편안하기를 바라는 마음에서 많은 돈을 교회에 기부했다. 그렇게 일 년이 지나갈 무렵, 에디트는 자연스럽게 마르셀 세르당의 남은 가족을 생각했다. 마르셀에겐 마르네트라는 부인과 아이들이 있었다. 마르셀은 에디트를 사랑했지만 가장으로서 임무도 저버리지 않았다. 마르셀이 살아 있었을 때 에디트는 마르셀의 부인과 아이를 좋아하지 않았다. 마르셀을 사랑하는 여인으로서 당연한 감정이었다. 그런데 마르셀이 세상에 없으니 에디트는 남은 가족이 걱정돼서 견딜 수 없었다. 마침내 에디트는 마르셀의 부인, 마르네트에게 연락을 했다. 두 여자는 마르셀의 죽음을 계기로 만날 수 있었다.

"이건 내 선물이에요. 받아 줘요."

에디트는 마르네트와 그의 가족을 위해 선물을 한가득 준비해 갔다. 마르네트는 차분한 여자였다. 에디트와 마르셀의 스캔들도 잘 알고 있었다. 하지만 마르네트는 에디트의 선물을 받았다. 에디트에게서 순수한 호의가 느껴졌기 때문이었다. 에디트는 마르셀의 가족을 극진하게 챙겼다. 결국 마르셀과 함께 살기 위해 마련한 아파트를 기꺼이 내주었다.

"파리로 와서 사는 건 어때요? 마침 나한테 사용하지 않는 집이 한 채 있어요. 이사 와요."

마르네트는 에디트의 뜻대로 새 아파트로 이사 왔다. 마르셀 세르당이 사고를 당한 후 에디트는 언론과의 인터뷰에서 "마르셀은 단지 친한 벗일 뿐"이라는 말로 인터뷰를 일축했다. 마르셀의 가족과 고인의 명예를 지켜 주기 위해서였다. 이처럼 마르셀과 에디트의 사랑은 서로를 배려하는 것이었다.

그 후 에디트는 마르셀의 영혼과 교류하기 위해 영매술사를 찾아갔다.

"마르셀, 당신의 가족이 새 보금자리를 차렸어. 보고 있지?"

영매술사는 마르셀의 기분이 좋다는 표시로 방금 탁자가 두 번 흔들렸다고 말했다. 마르셀의 가족이 잘 사는 모습을 본 후에야 에디트는 서서히 안정을 찾아갔다.

"모노, 내가 작곡한 노래 좀 봐 줘."

이제 에디트는 거의 매일 피아노 앞에 붙어 있다시피 했다. 마르그리트 모노가 기꺼이 음악의 동반자가 되어 주었다.

샤를 아즈나부르도 에디트를 도와 음악을 만들었다. 두 사람은 1947년에 알게 됐다. 에디트는 샤를 아즈나부르의 음악적 재능을 알아보았다. 무엇보다 샤를 아즈나부르의 열정을 높이 샀다.

"샤를, 당신은 내가 죽은 후에도 건재할 거야. 당신에게서 에너지가 느껴져."

그 후 샤를 아즈나부르는 에디트와 함께 지내며 동료가 되었다. 에디트의 집은 창작의 열기로 가득했다. 이런 열정 덕분인지 프레옐 무대에서 에디트는 기립 박수를 받으며 성공을 거두었다.

'마르셀, 보고 있지? 함께 있고 싶어.'

에디트는 무대에서 세상에 없는 마르셀에게 속삭였다.

마르셀의 사고 후 에디트는 불행에 대한 강박증을 갖게 되었다. 점쟁이를 찾아가 미래를 물어봤다. 에디트가 물어보는 미래는 오로지 사랑에 관한 것이었다. 에디트는 원하는 대답이 나올 때까지 점쟁이를 찾아다녔다.

"나는 평생 고독하게 지내야 하나요?"

"당신의 운명에는 수많은 사랑이 대기하고 있소."

"내 사랑은 사고로 죽었어요."

"하나의 사랑이 가면 또 다른 사랑이 찾아오는 법이오."

무대 밖의 에디트에게는 연인이라는 버팀목이 필요했다. 그래야
만 무대에서 노래를 부를 수 있었다.

사랑을 찾아 방황하는 새

그러던 어느 날, 에디 콘스탄틴이라는 남자가 에디트를 방문했
다. 그는 미국에 있다가 파리에 와서 노래를 부르고 있었다.

"에디 콘스탄틴이라고 합니다. 시간이 된다면 제 노래를 좀 들
어 주시겠습니까?"

에디 콘스탄틴은 불어와 영어 단어를 섞어 말했다. 에디트는 처
음부터 그에게 호감을 가졌다. 그 이유 중의 하나가 그날 에디 콘
스탄틴이 부른 노래가 바로 〈사랑의 찬가〉였기 때문이다. 에디 콘
스탄틴은 〈사랑의 찬가〉를 영어로 바꾸어 에디트 앞에서 불렀다.
샤를 아즈나부르도 그 자리에 있었다.

"수고했어요. 자, 멋진 노래를 들었으니 그 답례로 식사를 대접
하겠어요."

에디트는 에디 콘스탄틴에게 좋은 대접을 해 주었다. 그리고 곧
에디 콘스탄틴을 최고의 가수로 만들기 위해 노력했다.

"샤를, 에디 노래 연습 좀 봐 줘. 나는 에디를 최고의 가수로 만들 거야."

"에디트, 그를 최고의 가수로 만들려면 꽤 노력이 필요할 거야."

"괜찮아, 내가 노력을 기울일 테니까. 그는 가수뿐 아니라 배우로도 인기를 얻을 수 있을 거야. 난 내 눈을 믿어."

에디트의 트레이닝이 본격적으로 시작되었다. 에디트는 에디 콘스탄틴의 스케줄을 관리했다.

"에디! 프랑스어를 완벽하게 배워야 해. 뻬딱하게 서 있는 폼은 보기 안 좋아. 자기만의 포즈를 만들어야 해."

그리고 마침내 두 사람은 한 무대에 섰다. 작은 에디트가 건장한 남자와 듀엣을 하는 모습은 대중뿐만 아니라 언론의 호기심을 자극했다. 그들은 에디트와 한 무대에 서는 남자들이라면 이브 몽탕의 경우처럼 연인일 거라고 지레짐작했다. 공연은 대성공이었다. 관객들은 에디트와 새로운 파트너를 위해 박수를 쳤다. 파리의 카바레를 전전하던 에디 콘스탄틴은 에디트를 만난 후 빠른 속도로 유명해졌다. 자신이 원하던 바였지만 그럴수록 에디트는 불안감을 느꼈다.

"마르그리트, 에디가 뉴욕에 가겠대."

"뉴욕에 부인과 딸이 있으니, 가고 싶겠지?"

"그 전에는 그런 말을 하지 않았어. 요즘 그는 날아가고 싶어서 안달이 난 새처럼 보인다고."

"그럼, 보내 줘. 뭐가 문제지?"

"사랑이 있을 때만 난 노래할 수 있어."

"오, 에디트. 그는 절대로 네 엄마나 아빠가 아니야. 여자한테 싫증이 나면 언제든지 떠날 수 있는 한 남자일 뿐이라고."

에디 콘스탄틴은 에디트로 인해 명성을 얻었지만 결국 떠났다. 에디트는 노래와 사랑에 관해서라면 자신의 영혼을 아낌없이 주었다. 하지만 상대방에겐 그 열정이 부담스럽거나 생소했다. 결국 자유를 찾아서 부인에게 돌아간 남자들이 태반이었다.

에디 콘스탄틴이 떠난 후 에디트는 다시 약물을 복용하기 시작했다.

결혼, 이별, 사랑

결혼

에디트 피아프는 무대에서 위대했다.

– 조르주 무스타키

에디트는 언론을 통해 여러 남자를 번갈아 가며 사귀는 것으로 알려져 있었다. 그리고 에디트는 보란 듯이 이들 중 몇몇을 무대에 세우기도 했다. 이런 애인들은 에디트에게 하나의 예술 작품이었다.

자크 필스는 에디트의 예술 작품이 아니었다. 하지만 언론이 가장 주목한 에디트의 남자들 가운데 하나였다. 그와 에디트 사이에 어떤 사건의 조짐이 보였기 때문이다. 사건의 조짐이란 바로 결혼이었다.

　"나는 지금껏 많은 남자를 만났지만 단 한 명도 건성으로 대한 적 없어. 언제나 상대방에게 최선을 다했지. 하지만 대부분 나를 떠났어. 그래서 나한테는 결혼할 기회가 없었어. 이제 그 기회가 찾아온 것 같아."

　에디트는 친구들에게 말했다.

　"자크 필스의 어떤 점이 좋지? 그는 한 번 결혼에 실패한 남자야."

　에디트를 아끼는 친구들은 조심스럽게 충고했다. 자크 필스는 뤼시앵 부아예와 결혼한 적이 있었다. 하지만 그런 건 에디트에게 별 문제가 되지 않았다.

　에디트는 보통 부부들이 어떻게 사는지 자세히 몰랐다. 그래서 결혼과 사랑에 대해 어느 정도 환상을 가지고 있었는지도 모른다. 마치 새로운 세계에 동경을 가지고 있듯이.

　원래 자크 필스는 에디트에게 노래를 들려줄 목적으로 방문했다.

　"에디트, 당신과 어울리는 곡이라고 생각했어요."

　자크 필스는 에디트 앞에서 부드러운 목소리로 말했다.

난 당신에게 빠졌어

나는 당신에게 완전히 빠져 버렸어

이브 몽탕처럼 자기주장이 강하지 않고 레이몽 아소처럼 잔소리도 없는 남자. 그가 바로 자크 필스였다. 그는 에디트가 지나치게 술을 많이 마시고 있으면 옆으로 다가왔다.

"술을 마시는 것보다 나하고 대화를 하는 게 어떻겠소?"

"이제 나는 술이 없으면 살아가지 못해요."

"에디트, 마르셀의 죽음이 당신을 이렇게 만든 거요? 당신과 마르셀이 서로에게 소중한 사람이었다는 것은 내가 알고 있소. 나는 사랑은 인생이 끝날 때까지 계속 이어진다고 생각하고 있어요. 새로운 사랑이 다가와서 당신을 따뜻하게 품어 줄 거요."

에디트는 무대에서 혼신의 힘을 다해 노래를 불렀다. 하지만 무대 밖으로 내려오면 술과 수면제, 신경 안정제를 복용하며 시간을 견디고 있었다. 그러면서도 에디트는 어머니의 손길 같은 것이 나타나 영혼을 구원해 주기를 바랐다. 그런데 자크 필스가 에디트에게 약물을 끊고 사랑에 빠지라고 말한 것이다.

두 사람은 자주 대화를 나누었다.

에디트는 서서히 약물이 아니라 자크 필스를 의지하게 되었다.

그러던 어느 날, 에디트 일행은 공연을 위해 뉴욕에 와 있었다.

"마르그리트, 나는 그런 결혼을 꿈꿨어. 맑은 교회의 종소리가 울리는 거야. 물론, 신랑 신부를 축복하는 종소리지. 하늘을 푸르고 햇살은 따뜻해. 신랑 신부는 하객들의 축하를 받으며 행진을 하는 거야. 두 사람은 죽음이 갈라놓을 때까지 서로를 사랑하며 살아가. 정말 멋진 인생이지 않니?"

"에디트, 요즘 무슨 책을 읽나 했더니 로맨스 소설에 빠진 거야?"

"꿈은 현실이 되기 위해 있는 거야. 이제 이 고독으로부터 탈출하고 싶어. 자크 필스한테 청혼할 거야."

에디트의 주변에는 마르그리트 모노, 장 콕토 같은 좋은 친구들이 있었다. 하지만 에디트가 원한 건 온전히 영혼을 바칠 수 있는 사랑이었다. 돈이나 명성은 에디트의 공허한 마음을 채워 줄 수 없었다.

에디트에게 필요한 것은 사랑 그리고 노래였다.

36세의 에디트 피아프와 46세의 자크 필스.

두 사람은 레스토랑에서 와인을 마시고 있었다. 에디트는 주변을 둘러보았다. 테이블에 앉아 있는 사람들은 저마다 행복해 보였다. 언제나 멀리 있는 것처럼 느껴졌던 행복. 하지만 자크 필스가 앞에 있는 순간, 에디트에게 행복은 가까이 있는 것처럼 보였다.

"여기 있는 사람들 중에는 부부도 많겠죠?"

"만일 우리가 부부가 된다면 어떻겠소?"

그동안 에디트는 자크 필스에게 결혼에 대한 이야기를 종종했다. 자크 필스는 에디트가 결혼을 꿈꾼다는 것을 눈치 챘다.

1952년 9월 15일, 에디트 피아프는 자크 필스와 부부의 연을 맺었다. 언론은 두 사람의 결혼식을 대서특필했다. 에디트의 결혼식은 화려한 스타답지 않게 뉴욕 시청에서 검소하게 치러졌다. 에디트가 자크 필스의 팔짱을 낀 채 사람들에게 둘러싸여 있을 때였다.

"에디트, 앞으로 너의 인생은 장밋빛으로 빛날 거야."

친구들은 에디트의 앞날을 축복해 주었다. 에디트는 결혼식 날에도 행운을 가져다주는 십자가 목걸이를 하고 있었다.

결혼 후 두 사람은 무대에서 함께 노래를 불러 성공을 거두었다. 가족이 생겼다는 것. 이제 에디트는 혼자가 아니었다. 한 남자의 아내로 살아간다는 건 색다른 인생 경험이었다. 결혼 초반에 에디트는 남편 자크 필스와 함께 평온한 생활을 했다. 친구들은 마침내 무대 밖의 에디트가 안정을 찾아가고 있다고 생각했다. 하지만 에디트의 건강은 갈수록 악화되고 있었다. 결혼하기 전부터 문제가 되었던 약물 중독이 그 원인이었다. 에디트의 건강을 위해서 집 안에 있는 술은 모두 버려야 했다. 뿐만 아니라 자크 필스는 에디트가 모르핀 주사를 맞지 못하게 감시해야 했다. 결혼 생활은 그가 기대했던 것과는 달랐다. 자크 필스는 1930년대에 '필스와 타베'라는 이름의 듀엣으로 인기를 얻은 가수였다. 하지만 결혼한 후에 언론의 관심은 자크 필스를 에디트의 남편으로 대했다. 그리고 언론은 언제 이 부부가 파경을 맞을 것인가 내기라도 하는 것처럼 이들의 생활을 주목하고 있었다.

"에디트, 공기가 좋은 곳에서 좀 쉬는 게 어때?"

주변 사람들은 에디트에게 요양을 권했다. 결국 에디트는 시골로 요양을 갔다. 그곳에서 건강을 회복하고자 했다. 그런 와중에 루이 바리에가 공연 일정을 잡으면 파리로 올라와서 노래를 불렀다.

리옹의 셀레스탱 극장, 마르세유의 바리에테 극장, 샹젤리제 극장 등 에디트는 무대에서 혼신의 힘을 다했다. 한순간도 노래에 대한 열정을 놓을 수 없었다.

이별

"도대체 저 많은 사람들에게 언제까지 음식을 대접할 작정이지?"

품위를 잃지 않는 자크 필스라고 해도 때로는 화를 낼 수밖에 없었다. 에디트는 연이은 공연 성공으로 많은 돈을 벌었지만 재물에 집착하지 않았다. 오히려 다른 사람들이 볼 때는 낭비벽이 심하게 보일 정도였다.

"내가 번 돈을 쓰고 싶은 대로 쓰는 것이 뭐가 문제죠?"

"당신이 아무리 돈을 벌어도 저런 식으로 낭비한다면 곧 거지가 될 거야."

"나도 그렇게 생각해. 에디트는 자선 사업가가 아니야."

매니저 루이 바리에도 자크 필스와 같은 의견이었다. 에디트는 공연 일정이 없을 때 집에 손님을 많이 초대해서 음식을 대접했다. 그중에는 초대받지 않은 손님도 있었다. 하지만 그런 사람들도 에디트가 제공하는 음식을 먹으며 마음껏 즐겼다. 에디트의 집은 잔치가 열리는 천국과도 같았다. 그곳에서는 모두가 주인이었다. 에디트는 손을 벌리는 많은 사람들에게 돈과 음식을 주었다. 그래서 일용할 양식을 얻기 위해 정기적으로 찾아오는 노숙자도 있을 정도였다.

"너는 노래를 해서 번 돈을 거리에 뿌리고 있어."

거리의 자매 모몬도 에디트가 많은 돈을 쓸데없는 곳에 쓴다고 생각했다.

"모몬, 거리에서 노래해 봐서 알잖아. 그 사람들에게 돈이 얼마나 절실한지. 빵 한 조각 살 수 없어서 굶는 아이도 있어."

"에디트! 가난한 사람들은 앞으로도 계속 생겨날 거야. 그런데 무슨 수로 다 돕겠다는 거지? 너는 그 사람들이 하는 말을 그대로

믿는 거야? 어쩌면 그들은 동정심을 구걸하기 위해 거짓말을 하는 것일 수도 있어."

하지만 에디트는 계속 남을 위해 돈을 썼다. 자선 단체에도 거액을 기부했다. 주변 사람들이 통장 잔고를 걱정해 주면 에디트는 다시 거리에서 노래를 하면 된다며 웃으며 말했다. 에디트가 불안해하는 것은 따로 있었다. 바로 사랑하는 사람에게서 버림받을지도 모른다는 두려움. 그래서 자크 필스가 언제 자기를 떠날지 알아보기 위해 점쟁이를 찾아가기도 했다.

"도대체 점쟁이들은 당신한테 무슨 말을 하는 거지? 나한테 다른 여자가 있다고 알려 주기라도 했나?"

"자크, 예민하게 받아들이지 마. 나는 다만 운명이라는 것이 있다면 그 실체가 뭔지 조금 알고 싶은 것뿐이야. 불행이 또 언제 나를 덮칠지 모르니까."

부부로 사는 동안 두 사람은 서로에게 충실하려고 노력했다. 하지만 더 이상 결혼 초기의 평온함은 보이지 않았다. 만들어진 평온함만이 두 사람 사이에 흐르고 있었다. 에디트는 열심히 무대에서 노래를 불렀지만 다시 약물에 빠졌다. 언젠가부터 자크 필스는 에디트의 이런 생활 방식에 서서히 지쳐 가고 있었다.

그러던 어느 날, 자크 필스는 일 문제로 에디트와 떨어져 있게 되었다.

"에디트, 설마 내가 없는 사이에 모르핀 주사를 맞는 어리석은 짓은 안 하겠지?"

"마지막으로 내 걱정을 하는 거야? 솔직히 당신은 지금 나를 떠나가는 거잖아, 안 그래?"

자크 필스는 긍정도 부정도 하지 않았다. 에디트는 그 누구보다 정열적인 사랑을 갈구한 여인이었다. 그래서 애정이 식은 결혼 생활을 더 이상 지속할 수 없었다. 에디트는 자크 필스를 자유롭게 해 주겠노라고 다짐했다.

결국 두 사람은 결혼한 지 4년 만에 각자의 길을 가기로 합의했다.

사랑

대스타의 이혼은 다시 언론을 들쑤셔 놓았다. 에디트는 언론과 사람들이 자극적인 사건을 좋아한다는 것을 잘 알고 있었다. 에디트에게 새로운 남자가 생겼다는 기사는 잡지나 신문의 판매 부수에 일조를 할 것이 분명했다.

그래서 에디트는 기자들 앞에서 이렇게 말했다.

"자크 필스는 나를 위해 많은 일을 했어요. 그래서 그를 위해 헤어지기로 결심했죠. 그는 예술가예요. 자유롭게 살아야죠."

이혼 후 에디트는 알코올과 모르핀에 의지해서 하루하루를 살았다. 친구들은 하루라도 빨리 에디트가 치료받기를 원했다. 에디트 자신도 완전한 치료를 받고 싶어 했다. 하지만 그런 마음을 갖고 있으면서도 에디트는 점점 약물을 의지하게 되었다. 게다가 약물 공급자들이 호시탐탐 에디트 주변을 돌며 그녀를 노리고 있었다.

"에디트, 이대로는 위험해! 자신의 몸을 아끼라고."

매니저 루이 바리에는 어떻게든 에디트의 약물을 끊으려고 했다.

"나도 알고 있다고요. 하지만 어둠 속에 혼자 있다고 생각하면 견딜 수 없어요."

"이렇게 견디지 못할 거면서 왜 자크 필스를 떠나보냈어?"

"그만해요! 내가 보내지 않았어요. 나는 그를 보내지 않았다고 요!"

"에디트, 이러면 더 이상 노래를 부를 수 없을 거야. 안 그래도 신문에서는 에디트가 중병에 걸린 것처럼 기사를 쓰고 있어. 어떤 뮤직홀 주인이 다 쓰러져 가는 가수에게 무대를 주겠어? 이러면 더 이상 공연 일정을 잡을 수 없어."

"내가 쓰러져 가는 가수라고요? 좋아요. 그럼, 다 쓰러져 가는 가수가 어떻게 노래를 부르는지 보여 주자고요. 룰루, 공연을 잡아요. 올랭피아가 좋겠군요. 당장 코카트릭스에게 전화해요."

무대 밖의 에디트는 서서히 약물 중독에 무너져 가고 있었다. 에디트에게는 새로운 것, 삶의 활력이 절실히 필요했다. 바로 그 무렵, 에디트가 알게 된 남자가 조르주 무스타키였다. 그는 그리스 사람으로, 자유롭고 섬세한 시인의 감성을 가지고 있었다. 천진난만한 영혼을 가진 에디트와 소년 같은 조르주 무스타키는 곧 서로에게 호감을 느꼈다.

에디트의 집에는 샴페인이 터지고, 피아노 소리가 흘러나왔다. 축제의 분위기 속에서 에디트는 활기에 가득 차 있었다. 모두 조르주 무스타키 덕분이었다.

"에디트, 당신은 활기에 넘칠 때 가장 빛이 나요. 주인님처럼 보여요."

1934년생인 조르주 무스타키는 에디트보다 열아홉 살이나 어렸다. 하지만 두 사람 사이에 나이는 중요하지 않았다. 에디트의 사랑은 사회적 배경과 제약을 뛰어넘었다.

"조르주 무스타키가 나에게 생기를 가져다주었어. 나보고 주인님이라고 하는데?"

"주인님이라고? 시인이 따로 없군. 아예 시를 쓰라고 하지 그래?"

"좋아! 조르주 나를 위해 작사를 해 줘. 마르그리트가 작곡을 하는 거야. 너희들이 만든 노래는 불멸의 곡이 될 거야."

조르주 무스타키는 여행과 시, 음악을 좋아하는 젊은 예술가였다. 에디트는 이 구름 같은 젊은이를 스타로 만들고자 했다. 신인을 스타로 만드는 일은 에디트에게 하나의 거대한 창작이었다.

"조르주, 너는 떠돌아다니는 영혼이야. 그러면 전 세계를 돌아다녀야지. 함께 뉴욕으로 가자."

하지만 두 사람은 뉴욕으로 가지 못했다. 떠나기 며칠 전 자동차 사고를 당한 것이다. 운전은 조르주 무스타키가 했다. 이 교통사고로 에디트는 크게 다쳐서 결국 병원에 입원했다. 조르주 무스타키가 찾아갔을 때 에디트는 병원 침대에 힘없이 누워 있었다. 조르주 무스타키는 별로 다친 데가 없었다. 그래서 더욱 죄책감을 느꼈다.

"정말 미안해요."

"괜찮아…… 나를 위해 울지 말고 시를 써 줘."

조르주 무스타키는 에디트를 위해 〈주인님〉을 작사했다.

어서 오세요, 나의 주인님

나의 테이블에 앉으세요

밖이 춥죠?

하지만 여기는 따뜻한 곳

마음 편히 가지세요, 나의 주인님

나중에 마르그리트 모노가 곡을 붙여서 노래 〈주인님〉이 탄생했다. 이 노래는 1959년 에디트를 유럽의 인기 스타로 만들어 주었다. 하지만 그렇게 되기까지 에디트는 어두운 터널을 지나야 했다.

퇴원 후 에디트는 뉴욕 월도프 무대에서 그만 쓰러지고 말았다. 그동안 약물 중독으로 인해 장기가 손상된 데다가 교통사고 후유증으로 몸이 약해진 것이다. 에디트는 병원 신세를 질 수밖에 없었다. 이 소식을 듣고 조르주 무스타키가 미국으로 왔지만 둘의 관계는 끝나 있었다.

"에디트, 당신은 나를 자꾸 슬프게 만들어요. 왜 나를 이렇게 힘들게 하는 거죠? 결국 이렇게 쓰러진 것도 술과 마약 때문이죠! 그

런데 왜 끊지 못하는 거예요, 네?"

"조르주, 나는 수술을 끝낸 환자야. 설마 그걸 따지려고 파리에서 비행기를 타고 날아온 건 아니겠지?"

"빨리 일어나요. 파리 신문들은 당신이 무대에 서지 못할 거라고 기사를 내보내고 있어요."

"그런 것에 약해지면 안 돼. 원래 유명인이 불행해지면 언론은 크게 기뻐하는 법이야. 그리고 이별이 있어야 새로운 시작이 있는 것 아니겠니? 조르주, 새로운 세상으로 날아가렴."

조르주 무스타키와 에디트 피아프의 사랑은 끝이 났다. 하지만 그 사랑은 깊은 여운을 남기며 훗날 조르주 무스타키를 프랑스의 음유 시인으로 만들었다.

나는 아무것도 후회하지 않아

약물의 힘으로라도 노래하겠어!

에디트 피아프는 위험을 향해 돌진해 나간다, 예술가의 규범인 낡은 법칙에 경고를 하면서.

– 모리스 슈발리에

"장, 길이 안 보여. 어둠 속에서 헤매는 기분이야."

"에디트, 계획을 세워 봐. 새로운 길이 보일 거야."

1960년, 영혼의 친구 장 콕토는 에디트에게 충고했다. 에디트는 조심스럽게 전화를 끊었다. 에디트의 몸은 비쩍 말라 있었고, 안색은 창백했다. 게다가 알코올 중독 후유증으로 손은 조금씩 경련이 일어나고 있었다. 하지만 에디트는 떨리는 손으로 뜨개질을 시작했다.

뜨개질을 할 때마다 에디트는 과거로 돌아가는 것만 같았다.

조르주 무스타키가 떠난 후 에디트는 더글라스 데이비스라는 젊은 미국 화가와 가까이 지냈다. 그는 병실에 꽃을 꽂아 놓고, 에디트의 초상화를 그려 주며 조르주 무스타키의 빈자리를 채워 주었다. 그런데 더글라스와 드라이브를 하는 도중 에디트는 또 교통사고를 당했다. 더글라스는 무사했지만 에디트는 중상을 입었다. 벌써 네 번째 교통사고였다.

"정말 불행이 우리 뒤를 따라오는 걸까?"

"왜 그런 바보 같은 표정을 짓고 있는 거야? 나는 지금 노래를 부르러 가야 해! 더글라스, 빨리 의사한테 나를 퇴원시켜 달라고 해."

"안 돼! 에디트. 갈비뼈에 문제가 있대. 빨리 치료를 받아야 해."

"문제가 있는 건 내 갈비뼈가 아니라 바로 너야! 빨리 의사를 불러와."

결국 그 누구도 에디트의 고집을 꺾을 수 없었다. 에디트는 가슴에 붕대를 칭칭 감고 공연장으로 갔다. 고통을 줄이기 위해 모르핀 주사까지 맞았다.

"에디트, 지금이라도 늦지 않았어! 공연을 취소해."

"가수는 무대에서 쓰러지는 거야."

하지만 에디트는 사람들의 말을 한 귀로 흘려 버렸다. 그리고 기어이 공연 일정이 잡힌 무대에서 노래를 불렀다. 에디트가 노래를 부르는 동안 더글라스는 구석에서 눈물을 흘렸다. 그 사고 후에 더글라스 데이비스는 죄책감과 후유증에 시달렸다. 결국 심약한 젊은 화가는 에디트의 곁을 떠나 버렸다.

갈수록 에디트의 건강은 악화되었다.

이제 에디트에게는 애인이 아니라 개인 간호원이 필요했다. 에디트는 개인 간호사를 곁에 두고 건강을 관리하기 시작했다. 요양과 치료 그리고 재발이 반복되는 나날이었다. 결국 사람들은 에디트가 더 이상 노래를 부르는 건 무리라는 결론을 내렸다.

"마르강탱, 펜과 공책을 가져다줘요."

곧 간호사가 펜과 공책을 가져다주었다.

1. 아침에 일어나서 신선한 물 마시기

2. 체온과 맥박 확인하기

3. 마음의 평화를 유지할 것

공책에 한 글자 한 글자 쓰는 에디트의 모습은 퍽 진지해 보였다. 마치 쓰러진 사람이 걷는 연습을 하듯이.

"에디트, 미안해. 오늘도 피곤한 손님을 데려왔어."

잠시 후 루이 바리에가 뮤직홀 올랭피아의 사장 코카트릭스와 함께 왔다. 올랭피아의 사장은 어떻게든 쓰러져 가는 에디트를 무대에 다시 세우려고 했다. 마지막으로 에디트가 관객 몰이를 해 줄 것만 같았고, 그래야만 한다고 생각했다.

"이봐, 보다시피 에디트는 무대에 설 수 없어. 그건 에디트한테 위험해."

매니저 루이는 휠체어에 앉아 있는 에디트를 보며 말했다. 그러나 코카트릭스는 루이의 말을 한 귀로 흘리고 에디트에게 달려갔다.

"에디트, 당신은 불사조야. 안 그래? 교통사고를 당한 직후에도 노래를 불렀잖아. 심지어 무대에서 당신이 쓰러지는 건 연기라고 말하는 사람들도 있어. 제발, 에디트. 올랭피아를 위해 다시 한 번 부활해 줘."

"룰루, 나 공연 할 거야!"

"안 돼! 에디트, 위험해."

"그럼, 약물의 힘으로라도 노래하겠어!"

매니저 루이가 말렸지만 소용없었다. 에디트의 건강이 갈수록 악화되는 가운데 올랭피아 공연 일정이 잡혔다. 절친한 친구 마르그리트 모노가 곁에서 음악을 만들기 시작했다. 하지만 에디트는 점점 생기를 잃어 가고 있었다. 무기력증에 걸린 사람처럼 하루 종일 잠에 빠져 있다가 갑자기 일어나 거실 이곳저곳을 돌아다니기도 했다. 에디트는 심한 감정 기복 증세를 보였다. 그 와중에 에디트를 절망에 빠뜨린 사건이 일어났다. 작곡가 샤를 뒤몽이 에디트를 떠난 것이다.

샤를 뒤몽은 에디트에게 꼭 필요한 인물이었다. 오랜 시간 에디트에게 절친한 음악의 벗이었다. 에디트는 끝없는 우울과 무기력 속으로 빠져 들었다.

올랭피아 무대를 위하여

그러던 어느 날, 샤를 뒤몽이 작사가 미셸 보케르와 함께 나타났다.

"샤를 뒤몽이 노래를 들려주러 왔답니다."

에디트는 비서의 말을 듣고 인상을 찡그렸다. 그러다 샤를 뒤몽을 보기 위해 거실로 나왔다. 샤를 뒤몽과 미셸 보케르는 에디트의 모습을 보고 깜짝 놀랐다. 휠체어를 타고 나타난 에디트는 영락없는 환자의 모습이었다. 샤를 뒤몽이 떠나올 때보다 에디트의 몸 상태가 악화되었던 것이다.

"나를 보지 말고 피아노를 연주하라고!"

에디트가 소리치자 그제야 샤를 뒤몽은 피아노로 갔다. 거실에 모인 사람들이 모두 샤를 뒤몽을 쳐다보았다. 샤를 뒤몽은 피아노 앞에서 잔뜩 긴장해 있었다. 하지만 마침내 피아노를 연주하며 노래를 불렀다.

아니, 그 아무것도

아니, 그 어떤 것도 나는 후회 안 해

다른 사람이 준 행복이건 불행이건 간에

이제 나와는 아무 상관없어

"잠깐!"

에디트가 절박한 목소리로 말했다. 거실에는 다시 긴장감이 감돌았다. 샤를 뒤몽은 혹시 에디트가 당장 나가라고 하지는 않을까 걱정했다. 매니저 루이 바리에는 에디트의 몸을 염려했다. 에디트는 무언가를 깊이 생각하듯이 고개를 숙인 채 가만히 있었다.

"그 노래를 다시 처음부터 불러 줘."

침묵을 깨고 에디트가 말했다. 다시 거실에는 샤를 뒤몽의 노래와 피아노 반주가 흘렀다. 에디트는 노래를 경청하고 있었다. 노래가 끝난 후에 거실에는 침묵이 감돌았다.

"이 노래 제목이 뭐지?"

"난 아무것도 후회하지 않아."

샤를 뒤몽이 작은 목소리로 말했다.

"난 아무것도 후회하지 않아. 룰루, 이건 내 노래야. 내 인생이 이 노래 속에 담겨 있다고."

에디트의 얼굴에 기쁨과 슬픔이 어우러져 있었다.

"샤를, 두 번 다시 당신 얼굴을 보고 싶지 않았어. 그런데 이 노래를 들고 왔으니, 당신이 이긴 거야. 나를 떠나서 이런 음악을 만들었다니! 대단해…… 정말 대단한 노래야. 이 노래를 올랭피아 무대에서 부르겠어!"

무기력증에 걸려 있던 에디트가 부활한 순간이었다. 〈나는 아무것도 후회하지 않아〉는 샤를 뒤몽과 미셸 보케르가 함께 만든 노래였다. 에디트는 샤를 뒤몽이 작곡한 노래에 빠져 있었다. 바로 다음 날부터 에디트는 완전히 다른 사람으로 바뀌어 있었다.

화려한 의상을 입은 에디트는 전성기로 돌아온 것 같았다. 루이 바리에, 올랭피아의 사장, 샤를 뒤몽, 미셸 보케르 등은 하루아침에 변한 에디트를 보고 신선한 충격을 받았다.

"환자복을 입고 노래를 부르면 명곡에 대한 예의가 아니지."

연습은 순조롭게 진행되었다. 연습을 하다 보니 샤를 뒤몽의 곡 위주로 곡 선별 작업이 이루어졌다. 에디트는 절친한 벗, 마르그리트 모노에게 예의를 갖춰 미안하다고 말했다. 마르그리트 모노는 그 누구보다 에디트의 상황을 잘 알고 있었다. 그래서 곧 에디트를 이해했다.

〈나는 아무것도 후회하지 않아〉는 무기력과 절망에 빠진 에디트를 구원해 준 노래였다.

사랑이란 그런 거지

마지막 연인

에디트 피아프는 프랑스 불멸의 목소리다.

－〈뉴스 위크〉

1960년 12월 29일, 에디트 피아프는 올랭피아 무대에 올랐다. 객석은 관객으로 가득 차 있었다. 각 신문사의 취재진도 진을 치고 있었다. 에디트만큼 사건·사고를 끊임없이 언론에 제공해 주는 스타도 드물었다.

'과연 에디트는 어떤 모습으로 서 있을까?'

에디트의 모습이 궁금해서 온 사람들도 있었다. 약물에 상한 창백한 얼굴, 구부정한 허리, 빼빼 마른 팔다리. 언론은 에디트가 약물 중독으로 죽어 가고 있다고 보도했다.

마침내 무대 커튼이 올라갔다.

에디트 피아프는 검은 드레스를 입고, 행운의 상징인 십자가 목걸이를 당당히 목에 걸고 나타났다. 사람들은 놀라지 않을 수 없었다. 에디트 피아프는 건재했던 것이다. 오케스트라 반주가 시작되자 에디트는 노래했다.

> 아니, 그 무엇도 아무것도
> 아니, 난 아무것도 후회하지 않아
> 이미 대가를 치른 지난 일이야
> 나는 과거에 신경 쓰지 않아!
>
> (……)
>
> 사랑의 모든 전율도 쓸어버렸어
> 영원히 지웠어
> 나는 처음부터 다시 시작할 거야

에디트의 목소리는 올랭피아 무대에 울려 퍼졌다. 여전히 에디

트의 목소리에는 열정이 담겨 있었다. 바로 불멸의 목소리였다. 사람들은 에디트를 위해 기립 박수를 쳤다. 올랭피아 무대 공연은 순회공연으로 이어져 대성공을 거두었다.

잦은 교통사고, 약물 중독, 사랑하는 사람들의 불행, 그리고 재기……

마르셀 세르당의 사고 후 에디트는 무너지지 않기 위해 최선을 다했다. 그런데 1960년 올랭피아 무대를 성공적으로 마친 후 에디트는 지방으로 내려가다가 또 교통사고를 당했다. 하지만 그런 불행은 결코 불멸의 목소리, 에디트 피아프를 쓰러뜨리지 못했다.

그리고 어둠이 사라지면 빛이 찾아오는 것처럼 에디트에게 사랑이 찾아왔다. 처음에 에디트는 지인이 한 청년을 소개해 주겠다고 했을 때 정중히 거절했다. 아픈 몸을 보이고 싶지 않았던 것이다. 하지만 어떤 운명의 힘을 느끼기라도 한 듯이 에디트는 거실로 나왔다.

"테오파니 랑부카스라고 합니다."

그는 큰 키에 소년 같은 얼굴을 하고 있었다. 직업은 미용사였고, 나이는 26세였다. 어느덧 에디트는 마흔이 훌쩍 넘어 있었다. 이후 그는 종종 에디트의 집에 찾아왔고, 두 사람은 대화를 나누었다.

"당신의 노래가 없었다면 제 인생이 심심했을 거예요. 어떤 날은 〈사랑의 찬가〉를 하루 종일 듣기도 했어요."

테오파니 랑부카스는 에디트를 존경과 사랑의 눈빛으로 바라보았다.

"티오, 누구나 가수가 될 수 있어. 노래를 부르고 싶어?"

"하지만 저는 가위만 만져 본걸요?"

에디트는 눈앞에 있는 청년에게 노래를 가르치고 싶었다. 창조자로서의 열정이 되살아난 것이다. 하지만 이 일을 당장 실현하지 못했다. 우선 건강이 악화되고 있는 데다 무엇보다 사람들의 시선이 두려웠다. 테오파니 랑부카스는 에디트보다 무려 21살이나 어렸다. 지금까지 에디트는 연인이 될 가능성이 있거나 연인인 남자들에게 노래 지도를 했다. 만일 그를 지도해 주면 사람들은 에디트가 젊은 애인을 구했다고 생각할 게 뻔했다. 그래서 에디트는 그를 진심으로 대하되, 어느 정도 거리를 두었다.

그러던 어느 날, 에디트는 기관지염이 심해져 병원에 입원하게 되었다. 그때 테오파니 랑부카스가 매일같이 찾아와 에디트를 기쁘게 해 주었다. 테오파니 랑부카스는 에디트가 밤중에 병실에서 무서워할까 봐, 병정 인형을 선물하기도 했다.

"이렇게 항상 같이 있을 수 있다면 얼마나 좋을까요?"

"테오, 젊은 아가씨들을 만나. 너한테는 그런 아가씨들이 어울려. 나는 이제 할머니가 다 됐어."

에디트는 마흔 중반을 넘은 나이였지만 약물 중독 때문에 장기들이 제 기능을 하지 못했다. 하지만 테오파니 랑부카스의 눈에 에디트는 여전히 열정을 뿜어내는 가수였다.

퇴원 후에 두 사람은 더욱 가까워졌다.

그들은 나이를 초월한 사랑을 하고 있었다. 테오파니 랑부카스, 이 젊은 그리스 남자는 신이 에디트에게 준 선물과도 같았다. 그를 만난 후 에디트는 다시 활기를 찾았고, 공연을 준비했다. 에디트를 떠났던 미국인 화가 더글라스도 다시 돌아왔다. 그는 테오파니 랑부카스와도 좋은 관계를 유지했다.

당신은 나의 처음, 나의 마지막 사랑

"에디트, 일이 있어서 뉴욕에 다녀와야 해. 공연은 보러 올 수 있을 거야."

어느 날 더글라스는 돌아온다는 인사를 남기고 미국행 비행기를 탔다. 그러나 그는 돌아올 수 없었다. 1962년 6월 3일, 더글라스가 탄 비행기는 추락했다. 이 사고는 에디트를 다시 절망에 빠뜨렸다. 주변 사람들이 사고를 당하거나 불행해질 때마다 에디트는 죄책감을 느꼈다. 주변 사람이 자신의 불행을 나누어 가지는 것만 같았다. 그 무렵 〈아코디언 연주자〉의 작곡가 미셸 에메가 에디트에게 용기를 주었다.

"에디트, 그건 더글라스의 운명일 뿐이야. 에디트와는 아무 상관이 없어."

"왜 내가 사랑한 남자들은 하나같이 불행한 거지? 파파 루이는 살해당하고, 마르셀 세르당과 더글라스는 비행기 추락 사고라니!"

"이런, 이 집안에 어두운 그림자가 가득하잖아? 에디트, 음악으로 어둠을 물리치자!"

미셸 에메는 곧 피아노 앞에 앉았다. 에디트는 음악의 벗이 무엇을 하려고 하는지 가만 바라보았다. 미셸 에메는 피아노 건반 위에 두 손을 가지런히 올려놓았다. 그리고 에디트를 향해 미소 지은 후 노래를 시작했다.

사랑은 무엇에 쓰는 거지?

이제 나는 알았어

삶에 사랑이 없다면

사랑의 기쁨과 슬픔이 없다면

우리는 무의미하게 살아온 거야

샤를 뒤몽이 찾아와서 〈아니, 난 아무것도 후회하지 않아〉를 불렀을 때처럼 에디트 피아프는 슬픔 가운데서 전율을 느꼈다. 음악이 에디트의 상한 마음을 위로해 주었다. 미셸 에메가 만든 노래는 테오파니 랑부카스와 에디트 피아프의 사연과 너무나 닮아 있었다.

"나와 테오의 노래야. 이걸 무대에서 부르겠어!"

음악이 다시 에디트를 슬픔 속에서 일으켜 세웠다. 에디트는 더 글라스를 잃은 슬픔을 음악에 대한 열정으로 극복했다. 곧 테오파니는 에디트의 충실한 제자가 되었다. 사람들은 에디트가 삶의 활력을 되찾은 모습을 좋아했지만, 테오파니를 가수로 만들기 위해 노력할 때는 고개를 설레설레 저었다. 미용사로 지내 온 테오파니는 무대에서 노래를 불러 본 적이 없었다. 게다가 테오파니는 노래를 잘 부르는 편이 아니었다. 하지만 그런 건 에디트에게 아무 문제도 되지 않았다.

"이제부터 너를 테오 사라포라고 부르겠어."

"사라포라고요? 그럼 제 청혼을 받아들이는 건가요?"

'사라포'는 그리스어로 사랑한다는 뜻을 담고 있었다.

커다란 슬픔을 겪은 후 에디트는 더욱 테오에게 애틋한 감정을 가졌다. 테오 사라포는 에디트의 훈련을 묵묵히 받아들였다. 마치 에디트를 위해서 가수가 되기로 결심한 것 같았다. 테오와 결혼을 결심을 하기 전에 에디트는 사람들의 시선이 신경 쓰였다. 행여 사람들이 테오 사라포를 이상한 시선으로 바라보지 않을까, 걱정이 됐던 것이다.

"에디트, 너는 스스로 인생을 살아가는 예술가야. 뭐하러 사람들 시선을 신경 쓰지?"

"장, 내가 아니라 테오 때문이야. 나는 테오를 가수로 만들 거야. 그가 나 때문에 오해받는 게 싫을 뿐이야."

"지금까지 그래 왔듯이 마음 가는 대로 행동해. 결국 답은 네 안에 있어."

사실, 에디트는 테오 사라포와 결혼하고 싶었다. 영혼의 벗, 장콕토는 이런 에디트의 결정을 지지해 주었다.

마침내 1962년 10월 9일, 에디트와 테오는 파리 16구 시청에서 결혼식을 올렸다. 신문은 이 결혼식을 대서특필했다. 그 누구의 이해를 바란 결혼이 아니었다. 하지만 많은 사람들이 에디트의 결혼을 못마땅하게 생각했다. 테오 사라포가 에디트의 재산을 노렸다고 오해했다. 하지만 테오 사라포는 그런 말에 신경 쓰지 않았다. 그는 에디트의 재산이 거의 남아 있지 않은 데다, 최악의 경우 에디트가 얼마 살지 못할 것이라는 사실도 알고 있었다. 그는 기꺼이 에디트의 마지막 연인이 되기로 결심했던 것이다.

사람들의 오해를 없애는 방법은 하나밖에 없었다.

에디트와 테오가 사랑으로 맺어진 사이라는 것을 보여 주는 것. 그래서 두 사람은 함께 올랭피아 무대에 올랐다. 관객들은 키가 큰 그리스인 미남자와 40대 중반을 넘은 에디트를 바라보았다. 부부는 돈으로 맺어진 사이가 아니었다. 서로를 애틋하게 바라보는 눈빛, 그리고 노래가 진실을 말해 주고 있었다.

나는 사랑을 믿어
정말, 영원히 믿을 거야
사랑은 바로 여기에 쓰는 거야

당신은 나의 마지막
당신은 나의 처음

사랑 그리고 노래

좀 더 빛을 보고 싶어

나에게 노래 없는 사랑은 존재하지 않고, 사랑이 없는 노래 또한 존재하지 않는다.

– 에디트 피아프

1963년 10월, 에디트는 남프랑스 별장에서 요양 중에 있었다. 이제 공연을 마친 후 요양은 에디트의 일상이 되었다. 남편 테오 사라포는 파리에서 영화 촬영을 하고 있었다. 테오가 배우로 섭외

되었을 때 에디트는 크게 기뻐했다. 이제 매니저 루이 바리에는 테오의 일을 도와주었다. 테오가 없을 때 에디트의 말 상대는 개인 간호사와 전화로 연락하는 친구들이었다. 샤를 아즈나부르, 샤를 뒤몽, 장 콕토 등은 자주 에디트에게 전화를 했다. 그중에서 장 콕토는 거의 매일같이 에디트와 통화를 했는데, 그 무렵 그도 몸이 약해져서 요양 중에 있었다.

"장, 모르핀 주사를 맞아서 내 수명이 줄어든 것 같아. 하지만 나는 아무것도 후회하지 않아. 다만 테오와 오랜 시간을 함께 하지 못한다는 게 아쉬울 뿐이야."

"에디트, 의지를 가져야 해. 절대로 약은 하지 마. 곧 보러 갈게."

장 콕토와 전화를 끊고 에디트는 방 안을 비추는 햇빛을 바라보았다. 두 손은 주섬주섬 뜨개질을 하기 시작했다. 그때 간호사가 들어왔다. 간호사는 에디트가 눈을 찡그리고 있는 것을 보고 커튼을 쳤다.

"놔 둬! 좀 더 빛을 보고 싶어."

에디트는 소녀처럼 웃었다. 에디트의 마음에는 빛과 어둠이 교대로 드나들었다. 빛이 들어찰 때 에디트는 삶의 의지를 가졌다. 남은 인생에 대한 계획을 세우며 무대 복귀의 희망을 가졌다. 하지만 어둠 속에 있을 때 에디트는 겁을 먹은 아이와도 같았다. 에디트는 자신이 살아 있다는 것을 증명하듯이 뜨개질을 계속했다. 그러다 에디트는 갑자기 뜨개질을 멈추었다. 그리고 전화를 걸었다.

"레이몽."

에디트의 스승이자, 애인이었던 레이몽 아소. 그는 수화기 저편에서 잠시 아무 말도 하지 않았다.

"에디트, 몸은 괜찮은 거야?"

"고마워, 레이몽. 당신 덕분에 에디트 피아프가 세상에 있었어. 당신하고 다시 시작하고 싶어."

"에디트, 그러기 위해서라도 건강을 먼저 회복해. 파리에 오면 같이 지내자."

시인 레이몽 아소는 교양을 갖춘 목소리로 말했다. 에디트는 남편, 테오 사라포를 사랑했다. 그래서 테오 사라포의 미래를 위해서 헤어져야 한다고 생각했다. 에디트는 매니저 루이에게 종종 이혼을 하고 싶다고 말했다.

그 10월의 아침. 에디트는 떨리는 손으로 입술에 립스틱을 발랐다. 거울 속에는 안색이 창백한 마흔여덟 살의 여가수가 있었다. 에디트는 그 여인을 천천히 바라보았다. 그리고 뼈마디만 앙상하게 남은 손으로 거울 속 여인의 모습을 쓰다듬었다. 어머니의 손길처럼 부드럽게.

그리고 어느 때보다 더 맛있게 점심을 먹은 후 남편에게 전화를 걸었다.

"테오, 배우는 긴장하면 안 돼. 너는 누구보다 잘할 수 있어. 이 세상에서 하나뿐인 나의 연인, 테오 사라포니까."

"옆에 있어 주지 못해 미안해요."

"테오, 무슨 소리야? 우리는 앞으로 함께 있을 텐데."

"그래요, 우리는 함께할 거예요."

에디트는 평소보다 오래 남편 테오 사라포와 통화를 하고 있었다. 테오 사라포는 에디트의 컨디션이 좋은 하루라고 생각했다. 부부는 꿈이 많은 소년 소녀들처럼 미래에 대한 이야기를 나누었다. 부부는 세계 순회공연을 다니자고 했다. 그러기 위해서 남편은 현재 하고 있는 일에 최선을 다하고, 부인은 건강을 회복하기로 했다.

에디트는 침대에 누웠다. 가을 햇살이 에디트의 쇠약해진 몸을 비추었다. 의사들은 에디트의 약물 치료를 중지했다. 약을 받아들일 수 없을 정도로 에디트의 몸은 쇠약해져 있었다. 잠시 후 간호사가 들어와서 에디트의 앙상한 손을 잡았다. 그리고 기도하듯이 손을 모았다.

"지금 무엇을 위해 기도하는 거지?"

"에디트 씨의 행복을 위해서요."

에디트가 병마와 싸운 지난 십 년간을 함께해 온 간호사였다. 그

날 하루는 그렇게 저물어 가고 있었다. 간호사는 에디트를 침실에 남겨 두고 나왔다. 노련한 간호사는 죽음이 에디트 곁에 있다는 것을 알아챘다. 하지만 에디트를 위해서 무엇을 해야 할 지 알 수 없었다. 불길한 예감이 들었지만 별장으로 요양을 온 후부터 에디트는 항상 죽음과 사투를 벌여 왔다. 그래서 간호사는 평소와 다를 바 없는 하루라고 생각했다.

그런데 깊은 밤이 푸른 새벽으로 변할 때였다. 에디트는 꿈결처럼 어떤 목소리를 들었다.

"에디트, 태어나서 지금까지 무엇을 했니?"

어릴 적, 상상 속에서 눈처럼 내려오던 작고 하얀 천사들. 그 천사들이 잠이 든 자신의 몸을 감싸고 있는 것만 같았다. 마흔여덟 살의 에디트는 소녀처럼 살짝 미소를 지었다.

"사랑 그리고 노래."

푸른 새벽이 아침으로 바뀔 때 에디트의 몸은 싸늘하게 식어 있었다. 남편 테오 사라포가 왔을 때 에디트는 더 이상 숨을 쉬지 않았다. 사랑할 때와 노래할 때 에디트의 영혼은 열정으로 불타올랐다. 이제 영혼이 빠져나간 에디트의 몸은 싸늘하게 식어 있었다.

1963년 10월 11일, 프랑스 불멸의 목소리, 에디트 피아프는 48세의 생을 마감했다.

이 소식을 들은 장 콕토는 깊은 애도를 표하며 추모사를 썼다.

"에디트 피아프는 위대했다. 피아프와 같은 여성은 두 번 다시 나오지 않을 것이다."

1963년 10월 14일 에디트의 장례식 날, 페르라셰즈 묘지에는 4만 명이 넘는 인파가 몰렸다. 노동자, 외인부대 병사, 술집 아가씨, 노인과 아이, 청년 등 모두 에디트 피아프의 노래를 사랑한 사람들이었다. 그날 프랑스 국민들은 찬란한 별 하나를 잃은 것처럼 깊은 슬픔에 잠겨 있었다. 에디트를 아끼는 많은 사람들이 위대한 여가수의 마지막 길을 배웅했다.

하지만 장 콕토는 추모사를 읽을 수 없었다. 추모사를 쓰고 얼마 안 있어, 숨을 거둔 것이다. 프랑스의 빛나는 별, 에디트 피아프와 장 콕토는 마지막 순간, 영혼의 동반자가 되었다.

작가의 말

어둠 속에서 핀 열정의 꽃

21세기에 에디트 피아프가 되살아나고 있다.

타계 40주년 추모 앨범이 발매되고, 라 몸 피아프 향수도 출시됐다. 게다가 에디트 피아프 전기 영화는 프랑스 박스 오피스 1위를 기록했다. 이 영화는 우리나라에서도 2007년도에 〈라비앙 로즈〉라는 제목으로 개봉되어 많은 관심을 받은 바 있다. 영화 마지막에는 에디트 피아프가 아픈 몸으로 무대에서 열정을 다해 불렀던 노래 〈나는 아무것도 후회하지 않아〉가 흐른다. 에디트 피아프 사후에 태어난 세대에게 이 노래는 〈파니 핑크〉 주제곡으로도 알려져 있다. 〈사랑의 찬가〉 〈장밋빛 인생〉 등의 노래도 세월의 힘을 이겨 낸 에디트 피아프의 명곡이다.

이쯤 되면 에디트 피아프의 음악이 국경과 시대를 뛰어넘었다고 봐도 무방하다. 그렇다면 그 에너지는 어디에서 나왔을까?

에디트 피아프는 이름 모를 사람들, 그러나 거리에 나가면 쉽게 볼 수 있는 사람들을 향해 노래 불렀다. 가난하지만 장밋빛 인생을 꿈꾸는 사람들, 떠나간 연인을 기다리는 아가씨, 서민들의 희망과 애환. 특히 말년에 부른 명곡 〈나는 아무것도 후회하지 않아〉는 인생을 살아가는 사람들에게 깊은 인상을 남길 것이다. 에디트 피아프는 열정을 다해 인생의 보편성에 대해 노래한 가수였다. 에디트 피아프의 음악에서는 진정성과 열정이 느껴진다. 바로 이 두 가지가 예술가의 가장 중요한 에너지가 아닐까?

또한 에디트 피아프의 인생은 마치 한 편의 영화 혹은 드라마처럼 극적이다. 파파 루이의 죽음, 이브 몽탕과의 만남, 마르셀 세르당과의 순수하고 열정적인 사랑, 연인의 비행기 사고, 약물 중독과 치료, 재기 그리고 영혼의 동반자 장 콕토와의 만남……. 하지만 무엇보다 중요한 사실은 에디트 피아프가 그 어떤 시련 속에서도 노래를 포기하지 않은 점이다. 많은 사람들이 알다시피 〈사랑의 찬가〉는 에디트 피아프가 요절한 복서 마르셀 세르당에게 애틋한 마음을 담아서 부른 노래다.

에디트 피아프는 의지와 상관없이 어둠 속에 있을 때가 많았다. 부모의 사랑을 받지 못하고 할머니와 술집 아가씨들에게 맡겨진 어린 시절. 눈병을 앓으며 실명 위기에 처했다가 시력을 되찾은 일화만 봐도 그렇다. 하지만 결국 에디트 피아프는 어둠 속에서 노래라는 꽃을 피웠다.

노래와 사랑, 에디트의 인생에서 가장 중요한 것은 바로 이 두 가지였다. 에디트 피아프에게 사랑은 노래를 부를 수 있는 힘이었고, 노래는 삶을 버티는 힘이었다. 노래와 사랑을 위해 열정을 쏟은 에디트 피아프, 한마디로 그녀는 예술가였다.

에디트 피아프는 자신이 해야 할 일을 잘 알고 있던 예술가이기도 했다. 그녀는 2차 세계대전 중에 프랑스 포로들을 위한 위문 공연을 했다. 전쟁이라는 큰 소용돌이에 휘말린 보통 사람들의 불행을 지켜볼 수만은 없었을 것이다. 2차 세계대전 후 에디트 피아프는 프랑스에서 가장 인기 있는 가수 중의 한 명이 됐지만 기꺼이 재능 있는 가수의 후원자가 되었다. 이 가수가 프랑스의 국민 배우 이브 몽탕이라는 것은 많은 사람들이 아는 사실이다.

아이처럼 순수한 눈을 가진 예술가. 노래할 때 가장 행복하다고 말하는 불멸의 가수. 바로 이 책을 쓰는 동안 내가 만난 에디트 피아프였다. 21세기에 프랑스는 에디트 피아프에게 경의와 찬사를 보내며, 그녀가 음악으로 피운 열정의 꽃을 되살리고 있다. 왜 〈뉴스위크〉가 에디트 피아프를 "프랑스 불멸의 목소리"라고 평했는지 납득이 가는 대목이다.

세기가 지난 후에도 에디트 피아프의 묘비 근처에는 팬들이 놓고 간 붉은 장미가 놓여 있다.

노래가 남아 있는 한, 가수는 사라지지 않는다.

1915년 12월 19일, 프랑스의 베르빌에서 출생.

1918년 노르망디에 사는 할머니 집에서 살게 됨. 얼마 후 눈병에 걸렸으나 치료를 받지 못

해 시력이 악화됨.

1921년 성 테레즈 성당에서 기도하고, 의사의 치료를 받아 시력 회복함.

1925년 아버지 루이 가시옹과 거리에서 노래를 부름.

1931년 친구 모몬과 함께 피갈 거리에서 노래를 부름.

1934년 17살에 낳은 딸 사망.

1935년 루이 르플레에게 발탁되어 자니스에서 노래를 부름.

1936년 루이 르플레 살해당함. 잠시 경찰의 취조를 받았으나 무혐의로 풀려남. 레이몽 아

소의 도움으로 재기의 발판을 마련함.

1937년 ABC 뮤직홀에서 공연을 성공적으로 마침. 평생의 벗 장 콕토를 알게 됨. 노래 〈나

의 외인부대 병사님〉 히트.

1940년 장 콕토의 연극 〈냉담한 미남〉에서 열연. 〈아코디언 연주자〉 히트.

1942년 2차 세계대전 중에 파리가 독일군에 점령되자 해방될 때까지 빌리의 집에서 지냄.

전쟁 중에 가수로서 활발한 활동을 하며, 포로수용소에서 위문 공연을 함.

1944년 매니저 루이 바리에를 만남. 물랭루주에서 이브 몽탕과 노래를 부르며 연인이 됨.

이브 몽탕이 스타가 될 수 있도록 도움.

1946년 영화 〈어두운 별〉에 이브 몽탕과 함께 출연. 아홉 명의 남성 합창단 '샹송의 벗 과

파트너가 됨. 노래 〈장밋빛 인생〉 히트.

1947년 10월 31일, 뉴욕 브로드웨이 플레이하우스 극장에서 '샹송의 벗' 들과 공연.

1948년 뉴욕 베르사유의 무대 공연 성공.

1949년 10월 28일 아침, 애인 마르셀 세르당 비행기 추락사 소식 전해 들음.

1950년 마르셀 세르당을 기리는 노래 〈사랑의 찬가〉 히트.

1951년 〈빠담, 빠담〉 히트.

1952년 〈빠담, 빠담〉으로 ADF 디스크 대상 수상. 9월에 뉴욕 시청에서 자크 필스와 결혼.

1956년 자크 필스와 이혼.

1959년 〈주인님〉 유럽 전역에 히트.

1960년 〈나는 아무것도 후회하지 않아〉 히트.

1962년 테오파니 랑부카스와 올랭피아 무대 공연. 10월 9일에 파리 16구 시청에서 테오파
니 랑부카스와 결혼.

1963년 3월에 릴 오페라 무대에서 마지막으로 공연을 하였고, 이후 건강 악화로 남프랑스
별장에서 요양.

1963년 10월 11일 사망. 페르라셰즈 묘지에 안장됨.